# 罗马帝国简史

克里斯托弗·凯利 著
黄洋 译

外语教学与研究出版社
北京

京权图字：01-2006-6829

The Roman Empire was originally published in English in 2006.

This Chinese Edition is published by arrangement with Oxford University Press and is for sale in the People's Republic of China only, excluding Hong Kong SAR, Macau SAR and Taiwan Province, and may not be bought for export therefrom.
英文原版于2006年出版。该中文版由牛津大学出版社及外语教学与研究出版社合作出版，只限中华人民共和国境内销售，不包括香港特别行政区、澳门特别行政区及台湾省。不得出口。

**图书在版编目（CIP）数据**

罗马帝国简史 /（英）凯利（Kelly, C.）著 ；黄洋译. — 北京 ：外语教学与研究出版社，2015.8（2016.1 重印）
（百科通识文库）
ISBN 978-7-5135-6496-0

Ⅰ. ①罗… Ⅱ. ①凯… ②黄… Ⅲ. ①罗马帝国－历史 Ⅳ. ①K126

中国版本图书馆CIP数据核字（2015）第198847号

出版人 蔡剑峰
项目策划 姚 虹
责任编辑 周渝毅
封面设计 泽 丹
版式设计 锋 尚
出版发行 外语教学与研究出版社
社 址 北京市西三环北路19号（100089）
网 址 http://www.fltrp.com
印 刷 三河市紫恒印装有限公司
开 本 889×1194 1/32
印 张 7
版 次 2015年9月第1版 2016年1月第2次印刷
书 号 ISBN 978-7-5135-6496-0
定 价 20.00元

购书咨询：（010）88819926 电子邮箱：club@fltrp.com
外研书店：https://waiyants.tmall.com
凡印刷、装订质量问题，请联系我社印制部
联系电话：（010）61207896 电子邮箱：zhijian@fltrp.com
凡侵权、盗版书籍线索，请联系我社法律事务部
举报电话：（010）88817519 电子邮箱：banquan@fltrp.com
法律顾问：立方律师事务所 刘旭东律师
中咨律师事务所 殷 斌律师
物料号：264960001

## 百科通识文库书目

### 历史系列：

美国简史
探秘古埃及
古代战争简史
罗马帝国简史
揭秘北欧海盗
日不落帝国兴衰史——盎格鲁－撒克逊时期
日不落帝国兴衰史——中世纪英国
日不落帝国兴衰史——十八世纪英国
日不落帝国兴衰史——十九世纪英国
日不落帝国兴衰史——二十世纪英国

### 艺术文化系列：

建筑与文化
走近艺术史
走近当代艺术
走近现代艺术
走近世界音乐
神话密钥
埃及神话
文艺复兴简史
文艺复兴时期的艺术
解码畅销小说

**自然科学与心理学系列：**

破解意识之谜
密码术的奥秘
恐龙探秘
情感密码
全球灾变与世界末日
简析荣格
人类进化简史
认识宇宙学
达尔文与进化论
梦的新解
弗洛伊德与精神分析
时间简史
浅论精神病学
走出黑暗——人类史前史探秘

**政治、哲学与宗教系列：**

动物权利
释迦牟尼：从王子到佛陀
死海古卷概说
存在主义简论
《旧约》入门
解读柏拉图
读懂莎士比亚
世界贸易组织概览
《圣经》纵览
解读欧陆哲学
欧盟概览
女权主义简史
《新约》入门
解读后现代主义
解读苏格拉底

# 目录

# 图目

# 绪论

罗马帝国是项令人惊叹的成就。在公元 2 世纪的鼎盛时期，它统治着大约 6,000 万的人口，500 万平方公里的领土（大约是英国国土面积的 20 倍）。那时帝国从细雨滋润的英格兰北部哈德良长城一直延伸到叙利亚幼发拉底河干涸的河岸；从蜿蜒于欧洲低地国家和黑海肥沃平原的莱茵河 – 多瑙河流域一直绵延至北非沿海富庶的平原和埃及尼罗河丰饶的河谷。罗马帝国完全包围了地中海。帝国的征服者把它看成是罗马人的内海，沾沾自喜地称其为“我们的大海”。

本书试图探讨这个超级帝国的一些重要方面。所采用的叙述方法完全是主题式的，之所以这么做，不是因为作者讨厌按时间先后顺序叙述（见大事年表 207—212 页），而是因为现在已有很多有用的按年叙事的罗马帝国史和帝王传记。本书采用不同的方法探索同一领域。第一章审视征服的残忍过程，帝国的建立以及罗马人的帝国使命感。第二章讨论帝国权力的展示，审视同时作为神明（在宣扬对皇帝的个人崇拜中）和凡人的皇帝（在苏埃托尼乌斯和塔西佗的历史著作中）。第三章变换视角，从地中海世界诸城中特权精英阶层的角度来理解帝国的运作。主要是这些富人——而非某个庞大的帝国行政管理系统——对帝国进行着有序的管理。

第四章讨论公元 2 世纪一些由罗马统治下的希腊人写的、不为人熟知的文献。这些文献弥足珍贵，因为它们使我们得以认识被征服者在一个新的帝国里是如何确立其身份认同，而这种对前现代帝国的认识是很少能够被后人找回的。在罗马帝国，有关现在的争论常常表现在有关历史的争论中。历史著述不是孤立、纯学术性的活动；相反，它直接涉及政治和权力的语言。现在可能完全是罗马人的，但过去究竟属谁仍有待争夺。

第五章转而讨论罗马帝国最重要的外部人群的发展。从根本上说，基督徒身处社会边缘的经历决定了他们的形成，并塑造了他们的信仰。与此相反，第六章提供了一个内部人群的观点，试图确定某种关于在这个庞大的前工业化帝国的城市和农村里生存和死亡的感受。第七章，即最后一章，从下面三个现代视角回顾了罗马帝国：从第一次世界大战之前 10 年间大英帝国的视角；从墨索里尼的法西斯意大利的视角；从好莱坞的视角。这些视角非常重要，因为它们在很大程度上（有时令人吃惊）仍然决定着在 21 世纪初我们如何想象和评判罗马帝国。毫无疑问，现在的优势之一是能够有选择地回顾过去。但同样——就像这本简史一样——很重要的一点就是要意识到这种选择性。

本书集中讨论罗马帝国最为繁荣的时期，大体上是从约公元前 31 年至公元 192 年的两个世纪：从后来成为皇帝的奥古斯都在亚克兴角战役中战胜安东尼和克娄巴特拉到康茂德皇帝被暗杀。（不过第一章回顾了布匿战争；第五章简要展望了公元 4 世纪初，这是为了以第一位公开支持基督教的罗马皇帝君士坦丁正式皈依基督教结束讨论。）

本书各章主要关注的是罗马在建立和维持一个唯一囊括了北欧、中东和北非的最大的世界性帝国方面所取得的成就。这个成功本身就需要丰富而复杂的解释，只有这样，才能够逐步理解随后罗马统治衰弱、西部帝国最终分裂、沦为蛮族王国以及东部拜占庭逐渐兴盛的原因。这些主题大大超越了本书的范围。对于这场“可怕的革命”最好的描述仍是爱德华·吉本权威的《罗马帝国衰亡史》（1776—1788 年间出版于伦敦）。然而粗心的爱好者须知：吉本的著作一共 6 大卷，他从来没有想要撰写任何类似简史的东西。

# 第一章

# 征服

## 扩张与生存

罗马是个崇尚武力的国家，其庞大的帝国是从一系列激烈的战争中艰难赢得的。在公元前 4 世纪的时候，罗马还是一座微不足道的小城；它通过和周边诸族结盟，形成了一个复杂的关系网，从而确保了其生存。一系列的军事胜利使罗马人得以在台伯河谷建立领土，并将其势力范围扩张至南面的康巴尼亚（那不勒斯海湾周围）。这是一个逐渐推进和稳步巩固的缓慢过程。在公元前 295 年击败萨姆奈人（从而控制了意大利东部）以及挫败希腊亚得里亚海沿岸伊庇鲁斯王国统治者皮洛士的入侵后，罗马取得了显著的突破。公元前 280 年，皮洛士率军在塔伦托姆（现今意大利半岛“脚跟”的塔兰托）登陆。尽管起初取得了一些胜利，但他未能迫使罗马人投降。在西西里和意大利南部征战5年之后，因为不愿耗尽自己有限的资源和冒失败的危险，他选择了撤退。

到公元前3世纪中叶，意大利半岛的大部分都处于罗马的控制之下。在之后的1个世纪里，罗马人及其盟友向北非的迦太基城——主宰地中海西部的强国——发起了挑战。迦太基的海上贸易确保了其持续的繁荣和国际影响，其商船队向东行至埃及和黎巴嫩，从事奢侈品贸易；向北可能远达不列颠，以购买铝；向南则活动于非洲沿海，以便运回象牙和黄金。和这样一个颇具威胁的对手的三次长期冲突——称为布匿战争——耗尽了罗马的国力。第一次布匿战争（公元前264—前241年）的直接原因是对西西里的争夺。迦太基在西西里的军事力量不断增强，罗马人认为这是对其安全的直接威胁。不过，如果不能有效地抗衡迦太基的海上优势，就不能进行真正的反击。罗马人在意大利半岛的胜利是基于其陆军的优势，现在他们被迫组建一支常设海军，匆忙地将士兵训练成水手。据罗马后来的传说，他们的能工巧匠模仿一艘搁浅的敌舰，在60天里赶造了100艘战舰。最后这一险招取得了成功。在历经了23年艰苦的战争后，罗马人最终在公元前241年迫使迦太基人全部撤退。

来之不易的和平仅仅维持了20多年。在第二次布匿战争（公元前218—前201年）中，伟大的迦太基将军汉尼拔发动了古代世界最为大胆和最具想象力的军事行动。他率领50,000名士兵、9,000名骑兵和37头大象从西班牙出发，经过法国南部，翻越阿尔卑斯山，进入意大利。最后只有不到一半的人马在这段漫长的旅程中幸存了下来。7个月后，在公元前217年5月的晨雾中，汉尼拔把罗马将军弗拉米尼乌斯和他率领的军队包围在了翁布里亚的特拉西梅诺湖畔，一举歼灭了15,000人。次年，在阿普里亚的坎尼，他几乎全歼了罗马军队。这是罗马人所遭受的最为惨重的失败，一场战斗就夺去了他们50,000名士兵的生命，这也是欧洲战争史上在一天之中死亡人数最多的战斗。和索姆河之战[1]中的伤亡者不同，坎尼之战中的罗马士兵是倒在了短兵相接的近战中。在血流成河的平原上，他们的尸体堆积如山。

1　第一次世界大战中的一次战役，在1916年7月1日至11月8日进行，是历史上最残酷的战役之一，双方伤亡达几十万人。——译注，下同汉尼拔占领意大利长达15年。在费边·马克西姆斯——他被恰如其分地冠以“拖延者”的绰号——的指挥下，罗马人及其盟友有意避免阵地战。他们烧毁自己的庄稼，退守在加固的城池里。在罗马人的这种焦土政策下，汉尼拔的军队逐渐为饥饿所困，又受到罗马小股部队的侵扰，最后被迫放弃了远征。罗马人最终获胜，但这却是在坎尼之战的10多年之后。只是到了公元前202年，被召回保卫迦太基的汉尼拔才被西庇阿·阿非里加努斯在扎马（今突尼斯）之战中击败。时隔60年之后，恢复了元气的罗马又摧毁了业已衰弱且士气低落的迦太基。第三次布匿战争（公元前149—前146年）以这座城市的彻底毁灭而告终，其建筑全部被夷为平地，幸存的50,000名居民中的绝大部分沦为了奴隶。

在往西向西班牙和北非扩张的同时，罗马在东方也发动了战争。到公元前146年，也就是迦太基和科林斯同时遭到毁灭的这一年，巴尔干半岛上的所有城市都已臣服于罗马。在随后的1个世纪里，在经历了一系列艰苦卓绝的战争之后，罗马控制了小亚细亚。公元前1世纪60年代，常胜将军庞培“大帝”兼并了叙利亚；公元前1世纪50

年代，尤利乌斯·恺撒征服了高卢（从法国南部的比利牛斯山脉到莱茵河）；公元前 31 年，他的养子屋大维击败了埃及的最后一位独立君主克娄巴特拉七世。在希腊西北部亚克兴角的海战中取得的这次胜利带来了最大的回报。埃及这个地中海世界最古老最富庶的王国，现在完全成了罗马帝国的一部分。

在东方诸国以及在反对迦太基的战争中，罗马传统的共和政体尚能有效运转。的确，由于一系列成功的军事征服，公元前 2 世纪通常被看成是罗马共和国的鼎盛时期。不过从某些方面来说，“共和国”是个具有误导性的概念。至少对现代的读者而言，它的问题在于暗示着有很大程度的民众政治参与。（这在古代不成其为一个问题；拉丁文中的 *res publica* 最好可简单译成“国家事务”。）罗马共和国是个不加掩饰的富豪政体，其公民群体按严格的财产资格仔细分等。这种等级制度又决定了投票的权利。所有成年男性公民都享有投票权，但其集体投票制度确保了如果富人团结起来，就能超过穷人的票数。此外，竞选和担任官职的高额费用，也保证了罗马政府中的重要职位都由富人把持。

在这一严格的寡头政体中，两位执政官是国家最有权力的官员，每年由选举产生。只有担任过司法长官职务（国家次重要的官员）且年龄在 42 岁以上者才能竞选。在任职期间，执政官可能获得重要的军事指挥权，这一指挥权也可能按年限延长。在军事指挥权终止后，前任执政官卸去其职权，回到元老院任职。元老院并不是直接选举产生的机构，而是由所有曾经担任过高级行政长官的人组成的咨议委员会。官职任期 1 年，有严格的年龄限制，且军事指挥权有时间限制。这一模式在一定程度上保障了罗马统治精英对权力的集体行使。在公元前 3 世纪后期到公元前 2 世纪，大约一半的执政官出自于 10 个贵族家庭。这不仅表明一个较小的世袭集团处于稳固的统治地位，而且也说明在这个核心集团之外有着相当的流动性。近世先辈不属元老阶层或其祖上从未进入过元老院的人也经常能进入元老院任职。

共和政体也专门对具有野心的个人施加了限制。尤其是，它防止政治和军事权力长期集中在军功显赫的将军手中。对伟大人物的真正考验——至少对罗马道德家是如此——不是他获得高位的能力，而是他诚心放弃高位的意愿。最初为在意大利立国，罗马进行了一系列的战争，其中最重要的一次胜利是在昆克提乌斯·辛辛纳图斯的领导下取得的。（据记载）辛辛纳图斯极不情愿离开他的农田、中断他的耕作去组建军队。比他无意于高位更为著名的是他拒绝加强自己的指挥权。他放弃了继续掌权的机会，回到自己的小田庄里，重新过起了农耕生活。

尽管有这样突出的榜样，但一些吞并地中海世界最富庶地区的将军们还是越来越不愿放弃权力。对他们而言，辛辛纳图斯的故事对他们没什么道德约束。最终，事实证明，共和政体对于个人行使权力的制约太过微弱，不足以抵挡帝国扩张的野心。在公元前 1 世纪，一个接一个在征服战争中获胜的将军们决心靠其军功揽权。他们远未到要求的最低年龄就担任了执政官，迫使元老院让他们继续执掌军权，并且依靠军队对他们个人的忠诚以及武力威胁不断干预政治。当尤利乌斯·恺撒完成了他在高卢的军事使命之后，他拒绝按照法律的要求放弃兵权。公元前 49 年 1 月，他率领一支经历过 8 年战争考验的老兵队伍，渡过卢比孔河（这标志着他管辖领土的南部边界），向罗马进军。很显然，恺撒的权威是建立在军事力量之上的。一些罗马人准备反对这一政变，但同样是以非法的方式。5年之后，在公元前44年3月15日，恺撒被刺杀。与其把这个事件看成是布鲁图和卡修斯为了自由而做出的正义之举（应该坚定地把莎士比亚的刻画放到一边。），还不如把它看成是一个政治派别从其政敌手中夺取政治权力的残忍手段。

这次刺杀引发了10多年的内战。马可·安东尼（恺撒最亲密的战友之一）和屋大维（恺撒的养子）的联盟击败了布鲁图和卡修斯。之后这一脆弱的盟友关系破裂了。安东尼向埃及求援，并寻求其统治者克娄巴特拉的支持。这是一个聪明的举动，因为可以利用埃及的财富来资助同屋大维的战争；其最重要的城市、位于尼罗河三角洲的亚历山大可以成为东罗马帝国的新都城。这才是比较负责任的说法。把马可·安东尼说成是酒鬼、是因为对埃及艳后的情欲而变得无能的人，实际上是屋大维对安东尼的诋毁和攻击。这类诋毁是胜利者的特权。公元前31年埃及水师在亚克兴角的覆没和次年安东尼的自杀，使屋大维巩固了自己的地位，并且使政敌声名狼藉。在新发明的“奥古斯都”（意为“神宠者”）的称号下，屋大维对帝国财富与军事资源的控制使他的家族成了地中海世界无可争议的统治者。

公元前 2 世纪中叶开始的罗马帝国的迅速扩张，正是 100 多年后王朝君主制建立的原因。然而，如果把这一变化看成是独裁取代自由或是专制取代独立的话，那就过于草率。从奥古斯都开始，在皇帝统治下，罗马政治就由一些特权家庭把持，它们一如既往地为争夺帝国的胜利果实而展开竞争。发生变化的只是竞争的规则，以及皇帝的近臣力图接纳或排挤行省贵族的方式，后者因其财富而要求成为全帝国的新贵族。

从这个角度来看，屋大维蜕变为奥古斯都——从一个军阀成功转变为皇帝——与其说是罗马政治本性的改变，不如说是权力在寡头阶级内部斗争中的艰难重组。罗马真正的革命是在共和时期建立起一个帝国。在奥古斯都之后，新的扩张非常有限，这也许并不让人感到意外。在不列颠、达契亚（大致相当于今天的罗马尼亚）和美索不达米亚的征战由皇帝亲自指挥。其他军事指挥权受到严格控制；潜在的竞争者，即使是皇亲国戚，都要受到严密监视。这是在风险管理中吸取的惨痛教训。像公元前 1 世纪残酷的内战显明的那样，征服地中海世界所带来的巨大利益使得即使像辛辛纳图斯那样的将领也难以弃权从耕。

## 震惊与恐惧

无论怎么说，从一个小型的城邦扩张为超级帝国都是令人惊叹的转变。罗马人的帝国是通过远胜于竞争对手的军力而建立的，在击败汉尼拔之后尤其如此。公元前 2 世纪，为了组建一支大约 13 万人的军队，罗马人不仅十分依赖意大利的盟友，而且还征召了大约 13% 的成年男性公民走上战场，其中主要是年轻人。为了维持这样一支军队，60% 的 17 岁青年都会被征召入伍服役 7 年之久。换言之，大半罗马男性公民都须服兵役至 25 岁左右。这些数字非同寻常。在前工业时代的欧洲，只有普鲁士腓特烈大帝和拿破仑的军队才动员了如此多的人力资源，并且持续的时间很短，远不能和罗马征服地中海世界所用的两个世纪（从布匿战争到亚克兴角战役）相比。不妨作一个粗略的数量级比较：现在美国如果要像罗马那样在军事上投入人力，它就需要维持一支近 1,300 万人的常备军，这会是其现役军队人数的 10 倍以上。

这个庞大的军事组织实现了良性运转。通过严明的纪律、精良的武器和丰富的作战经验，罗马军队利用其规模优势不断打胜仗。胜利带来了大量的战利品。反过来，从敌人那里劫掠的财富，加之行省上缴的税收，又负担了持续征服所需的高额费用。罗马在地中海东部的战争中所获取的财富成了传奇故事。在 50 年（公元前 200—前 150 年）的时间里，它攫取了价值超过 30 吨黄金的财富。之后罗马统治在小亚细亚的巩固和对叙利亚的兼并，意味着这个数目可能被超过。15 年之后，尤利乌斯·恺撒从高卢搜刮而来的大量黄金致使金价大幅下跌。

帝国的胜利果实在罗马城中受到了最为热烈的称颂。城市中心挤满了炫耀罗马扩张其统治的纪念性建筑：宏伟的凯旋门、令人难忘的雕像、用战利品装饰得光彩夺目的神庙。罗马历史学家在其冗长的历史著作中塞满了似乎没完没了的有关征服与战争的叙述。公元前 2 世纪，所有谋求担任官职的人都须服至少 10 年的兵役。作为执政官或前任执政官，高级军事将领同时也是成功的政治家。民众景仰的英雄都是那些能克敌制胜的伟大将军，例如费边·马克西姆斯这位战胜汉尼拔的“拖延者”、西庇阿·埃米利安努斯这位打败迦太基的“非洲胜利者”、庞培这位将罗马帝国的版图向东扩张到幼发拉底河的“大帝”，还有征服高卢的尤利乌斯·恺撒。

一个罗马人政治生涯的顶峰就是在首都的街道上为其举行的凯旋式，这是一名军事指挥官唯一可以合法率军进入罗马城的时候。公元 71 年 6 月，皇帝维斯帕西亚努斯与其子提图斯庆祝了他们对犹太人反叛的残酷镇压。之前，在公元 70 年夏末，提图斯围困并攻占了耶路撒冷，希律王建造的宏伟圣殿被摧毁，其内殿圣所——至圣所——被劫掠。圣器、黄金祭台、精美的七枝烛台、银制喇叭以及律法书卷被带回罗马，在凯旋式上展示。10 年之后，即公元 81 年，通过在通往市政广场的东部入口处建造献给提图斯（他在当年早些时候去世）的凯旋门，这一欢庆征服犹太民族的历史瞬间得到了永恒的纪念。这个凯旋门是帝国统治的恒久象征，上面的雕像则让人们永远不要忘记那些反叛罗马统治者的下场。所有经过这里的人都会想起这次胜利，在这一瞬间他们也身处于一个征服性帝国的最核心：一侧是耶路撒冷圣殿里的宝藏，另一侧则是提图斯本人，他乘着战车，周围是拥戴他的士兵和护卫他的“荣誉”、“勇气”和“胜利”的化身。

凯旋式上的华丽展示还讲述了战斗的情形。在高达15米的巨大移动舞台上，战争及其残忍被淋漓尽致地表现出来。这些画幅以象牙和黄金镶边，使那些来度假的人倍感钦服，并得以再次体会到征服的刺激和知道罗马一定能克敌制胜后的安全感。当时的犹太历史学家弗拉维乌斯·约瑟夫斯向我们描绘了这一情景（可能是亲历），也许此时他克制了通常表现出来的对罗马明显的支持：

在这里可以看到曾经繁荣的乡村被摧毁，整支敌军遭屠杀，人们四处逃窜，另一些被俘获……战壕里还挤满守卫者的城池被完全征服了，一支军队潮水般涌进城门，整个地方血流成河，那些不能抵抗的人举手乞降，神庙被烧毁，房屋被夷为平地，而主人尚未逃出。在彻底的破坏和苦难之后，河流不再为人畜提供饮水，它流经的不是开垦的农田，而是四处仍燃烧着大火的乡村。

维斯帕西亚努斯和提图斯的凯旋式尽管宏大，所庆祝

图 1 凯旋式上展示的来自耶路撒冷圣殿的掠夺物。提图斯凯旋门上的浮雕，罗马

的只是对反叛的镇压，而非对新领土的兼并。更为奢华的是公元前 1 世纪那些最伟大的罗马将领们展示其掠夺物的场景。在公元前 46 年 9 月长达 12 天的欢庆活动中，尤利乌斯·恺撒庆祝了他在高卢、非洲、埃及和本都（位于黑海南岸）的胜利。这是最为宏大的凯旋式之一，每天都有令人惊叹的新鲜事：今天展示的是俘虏（一些获释、一些被处死），明天又是异国的动物（这次罗马人第一次看见了长颈鹿）；今天在特别开挖的人工湖里表演一次海战，明天又在马克西姆斯竞技场让俘虏们上演大规模的阵地战，一次就有多达 40 头的大象参战。丝织的凉篷（这是恺撒的又一奢华发明）高高挂在观众的上方，为他们遮挡阳光。看到成千上万的俘虏被杀，他们则欢呼雀跃。在这些凯旋式上，杀戮的战场在帝国都城的中心得以再现。兴高采烈的观众为军队的成就和那些反对罗马者的灭亡而欢欣不已。在最后一次凯旋式上，有一系列描绘恺撒征服本都的彩绘场面，中间还夹带了一个标语牌，上面简简单单地写着一句话："我来了，我看见了，我征服了"。这个口号再次简练地提醒人们罗马的军事优势，不过它经常被错误地和恺撒在不列颠短暂而失败的征战联系在一起。

人们很容易被这种对征服的炫耀所感染，很容易忘记每次凯旋式（70% 以上是在公元前 252 年—公元前 53 年间举行的）也意味着大量兵士和平民被成批地俘虏和屠杀。暂时停下来反省一下罗马在建立其帝国的过程中带来的恐怖和冷酷无情的破坏是十分重要的。尤利乌斯·恺撒的军队在高卢屠杀了 100 万敌方战斗人员，又使另 100 万人沦为奴隶。即使恺撒在自我标榜的叙述中对于其军队的残忍有所夸张，但仅就对人口和经济破坏的程度来说，在西班牙人入侵美洲之前都无出其右者。

和最初征服同样残酷的是随后对叛乱的武力镇压。公元 60 年，不列颠东南部的居民伊克尼人发动叛乱，或者更确切地说，是试图重获独立。卡姆罗都努姆、维路拉米乌姆和隆迪尼乌姆（今科尔切斯特、圣阿本斯和伦敦）被攻占，罗马人的反攻迅速重新控制了这些地区。成千上万的不列颠人被杀，而罗马军队只损失了 400 人。在早期的一次种族清洗中，罗马军队连续不断地打击伊克尼人，直至所有抵抗全被消灭。伊克尼人的领袖之一布狄卡兵败自杀。她试图驱逐罗马人的努力以痛苦和代价巨大的失败而告终。

罗马军队入侵并平定敌人领土的强大力量，突出地反映在30米高的图拉真记功柱上。这是在公元113年落成的，以纪念在此前的10年里图拉真皇帝在达契亚的两次征服。这根白色大理石的记功柱仍然耸立在罗马市中心，柱身饰以长条带状的浅浮雕（像是巨型的卡通连环画），呈螺旋形绕柱24圈。上面总共刻画了2,500个人物，组成154幅可以明确分开的场景。这些形象并非直接描绘图拉真的征服，而是向观看者提供了更为理想化的有关帝国扩张的叙述。在这里罗马军队保持着良好的行进秩序：充满活力且纪律严明的军团士兵修建营地、堡垒、道路和桥梁，围困和攻占敌人的堡垒，并在战斗中无往不胜。在这个图像的世界里，罗马人从不伤亡，只有敌人被消灭。在这里，皇帝御驾亲征也总能确保战争的胜利。浮雕表现图拉真率领军队投入战斗，接见使节，和高级官僚议事，向士兵发表讲话，并主持祭祀以确保神明的支持。

图拉真记功柱同样客观地记录了战争的暴行。被打败的达契亚人跪地求饶。其中一些被俘，另一些则受拷打。村庄被焚毁，手无寸铁的居民和他们的家畜均遭屠杀。渴望获得战利品的罗马士兵纷纷向皇帝和他的幕僚展示割下的敌人头颅。

征服战争结束后，当地居民和他们的牲畜被强行驱逐，他们的土地现在归罗马定居者所有。这些征服场面的背景无疑是在达契亚，但它们所描绘的主题却是普遍的：罗马霸权势不可当，抵抗徒劳无益，暴力总是伴随着新的领土征服。正如图拉真记功柱公开而骄傲地宣告的那样，对于那些胆敢企图反对罗马推行其统治的人，这些就是他们悲惨的下场。

然而还是有些反叛者准备殊死一搏。对于那些歌颂英勇无畏但却徒劳无功地试图阻止帝国扩张步伐的人来说，没有什么比犹太人反抗到底的故事更激动人心的了（直到公元 74 年春，在耶路撒冷被占领将近 4 年之后，反抗才最终被镇压）。其中最为坚定的犹太派别之一被称为“斯卡利人”，意即“短刀人”。这个城市杀手队的成员将刀剑藏在衣袍之下，混在挤满耶路撒冷城的朝圣者中间，暗杀那些他们斥之为通敌者的犹太达官贵人。公元 66 年夏，在起义爆发后，“斯卡利人”从罗马守备部队手中夺取了马萨达。它是犹地亚地区最难攻破的堡垒之一，建筑在死海西面一个四面陡峭的狭长高地上。站在这个高地上，四

**图 2** 军士向图拉真皇帝及其幕僚展示割下的敌人头颅。图拉真记功柱上的浮雕，罗马

周因有盐层覆盖而闪着微光的平原一览无余。在这里“斯卡利人”坚持抵抗，直到提图斯攻陷耶路撒冷，甚至延续到他登上罗马皇位之后。

面对被围困在马萨达的967名男女老幼，负责在这个被征服行省肃清残敌的罗马将军弗拉维乌斯·西尔瓦动用了一个军团，外加一支后备军队(总计 8,000 至 9,000 人)，攻打了将近一年的时间。为此而用石头建成的兵营（罗马世界保留下来最完整的兵营之一）和环绕着高地地基的 4 公里围墙至今在平原上仍可见其轮廓。但和罗马军团修建的围城坡道相比，兵营和高地围墙都显得相形见绌。这个坡道长 205 米，以 1 比 3 的倾斜度爬高达 70 米。其顶部是一个 23 米宽的石头平台，用于架设攻城槌。

单单这些数字就已令人吃惊，但犹太起义者日益增长的恐怖感要切实得多。他们日复一日地看着这些用于围攻堡垒的工事不可阻挡地建造起来。就像凯旋式奢华的花费炫耀了罗马的统治权一样，马萨达的围攻同样展现了帝国的强大，它可以集中大量的资源，用于对付哪怕是近千个敢于反对它的起义者。就像远在罗马的提图斯凯旋门，这个至今仍然紧挨着马萨达西面悬崖的巨大坡道是一个永恒的警示，告诉人们反叛罗马是不可能得逞的。

面对必将来临的死亡，“斯卡利人”选择了自杀。除了 7 人之外，其余的人全部自杀。2 名妇女和 5 个孩子藏在了从地下水塘向堡垒供水的饮水渠里。正是这些幸存者讲述了犹太起义余部的最后时刻及其首领以利亚撒的战斗

图3 马萨达，沿西面峭壁上建筑的围城坡道

口号：

来吧！在我们的双手自由、尚能提剑之时，让它们高贵地为我们尽职吧。让我们不被敌人奴役即死去，作为自由人

和我们的妻儿一道放弃此生吧……让我们奋进，不让罗马人有俘获我们时的踌躇满志，让他们惊惧于我们的死、敬畏于我们的勇气吧。

## 帝国的使命

有关帝国征服带来的毁灭性后果的生动叙述极为少见。罗马人自己在解释其扩张及其后所采取的控制被征服行省的政策时，很少认识到自己是侵略者。相反，他们认为，战争是为了使那些他们断定对罗马领土完整构成威胁的敌人屈服。帝国的建立是保障本土安全的温和而合理政策的意外后果。公元前 1 世纪最著名的演说家西塞罗简洁明了地说明了这一点："发动战争的唯一理由是为了我们罗马人能够生活在和平之中。"

诗人维吉尔以恢弘的笔法详述了这个主题，其创作的时间是在亚克兴角战役和屋大维 / 奥古斯都获胜之后的 10 年里。他的《埃涅阿斯纪》是最伟大的英雄史诗之一，记叙了特洛伊王子埃涅阿斯的命运。希腊人采纳了尤利西斯的妙计，狡猾地把自己掩藏在木马肚子里，从而攻破了特洛伊，但埃涅阿斯逃脱了希腊人对他家乡的洗劫。维吉尔的《埃涅阿斯纪》从荷马的《伊利亚特》结束处起笔。埃涅阿斯背负着年迈的父亲安基瑟斯逃离特洛伊，年幼的儿子阿斯卡尼俄斯拼命地紧跟在后。这个宏大的叙述便从此处开始。埃涅阿斯向西而行，穿越地中海西部，先是到了迦太基，最终到达意大利。在这里特洛伊人攻打当地的余提利亚人，后者抵抗他们侵占其领土的企图，但余提利亚人注定会失败。他们的国王图耳努斯在一对一的决斗中倒在了埃涅阿斯的剑下。在众神之王朱庇特的庇护下，埃涅阿斯的神圣使命就是繁衍一个注定要统治地中海世界的民族。

维吉尔的《埃涅阿斯纪》简要地叙述了罗马的历史。埃涅阿斯寻找新家园的探求预示了罗马要建立帝国的使命。在其征程的开头，埃涅阿斯被风暴吹离航线，在迦太基找到了安身之所。他必须经受的最艰难的考验之一，就是摆脱这个城市的骄奢淫逸和它的妩媚女王狄多的诱惑，而他险些没能经受住诱惑。埃涅阿斯个人的“布匿战争”和罗马后来的布匿战争一样艰难和惨烈。狄多爱的力量丝毫不逊于后来汉尼拔的武力。在伴随着电闪雷鸣的一夜春宵之后，朱庇特的使者墨丘利便来提醒埃涅阿斯他的命运。在神明激发的狂热心情驱使下，埃涅阿斯命令特洛伊人起航。遭到抛弃而几近疯狂的狄多闻讯自杀，她的自我毁灭预示了第三次布匿战争结束时整个迦太基的自我毁灭。

逃离迦太基后，埃涅阿斯首先在西西里登陆，并在此安葬了他的父亲安基瑟斯。然后他前往那不勒斯附近的库迈。在阿波罗神古老的预言者西比尔的洞穴里，他向她请教未来之事。在此他接受神命，下到阴间去了解他的命运及其忠诚追随者的未来。在父亲阴魂的指引下，他看见了许多尚未出生的罗马英雄以及罗马帝国历史的辉煌展示——从罗马城的建立到征服意大利，布匿战争，兼并地中海东部，直至庞培、尤利乌斯·恺撒和奥古斯都。在这个幻象中罗马的命运被揭示了出来，就如同安基瑟斯所预言的那样：

其他民族会更柔软地用青铜塑造
活生生的人物，我毫不怀疑，
会用大理石雕塑更栩栩如生的形象；

会更为雄辩地争论，用指针
准确追踪天空的轨道
并精确地预报星辰升起。
罗马人，记住用力量去统治
大地上的人们——你们的艺术就是：
征服，实行法治，
宽恕被征服者，消灭骄傲者。

我们在阅读其他民族的史诗时，通常都带着一丝嘲讽的微笑。在21世纪的今天，许多读者在对欧洲殖民主义这一可疑的遗产进行反思，可能不愿赞许维吉尔的诗性宣言，称罗马的帝国使命就是教化那些没有法度的次等种族。即便如此，也不能不假思索地把《埃涅阿斯纪》简单看成是在粉饰太平、是在为一个暴虐的政权辩护。实际上它有关战争与和平的评论要比这种看法微妙复杂得多。我们有可能深深地同情临死时的狄多。她先为埃涅阿斯所爱，后又被他抛弃。在单独的决斗中，埃涅阿斯在犹豫之后才残忍地杀死被击败的余提利亚国王图耳努斯。就算埃涅阿斯是在神助之下为其追随者和后代在意大利寻找安身立命之所，诛杀图耳努斯有极其正当的理由，但这仍然是野蛮的行为，是在狂怒和复仇的杀戮欲驱使下进行的。即便如此，就像大张旗鼓地庆祝将军得胜的凯旋式，《埃涅阿斯纪》的目的也并不是要给战败者以同等的关注。它虽然没有公开表达为罗马屠杀敌人而感到的自豪之情（也许反映了饱受三个世纪的征服和一次长期内战之苦后罗马社会在奥古斯都统治时期的心态），但它明显是以肯定的口吻来描述罗马帝国的成就，其目的就是坚决驳斥那些更为负面的评价。

与此相反，当时的历史学家科尔内琉斯·塔西佗在记叙公元 83 年不列颠反叛的最终失败时，让其领导人卡尔伽库斯发表了一次精彩的讲话。他在这篇讲话中（在面对强大的军队而不可避免地失败之前）对罗马的帝国式统治进行了激烈的批判。罗马作家如此设想对帝国的反对并不多见，它表明，即使在胜利者中间，也并非所有人都心安理得地赞同征服必然带来的毁灭和屠杀，这一点难能可贵。在看到《埃涅阿斯纪》对罗马帝国主义的虔诚辩护之外，我们还应当看到卡尔伽库斯的严厉谴责：

他们是世界的掠夺者，不分青红皂白的蹂躏耗尽了大地，把魔爪伸向大海。如果敌人富有，他们就贪婪；如果敌人贫穷，他们就傲慢；无论东方还是西方都满足不了他们……掠夺、屠杀、攫取，他们错误地把这称之为“帝国”。他们留下一片荒凉，却说这是“和平”。

就像以利亚撒在马萨达高地上不屈的反抗一样，一些人可能会钦佩卡尔伽库斯的讲话，把它看成是一个自由战士鼓舞人心的情感表露，他宁愿英勇就义，也不愿放弃自己的独立。不过对大多数人来说，他的讲话仅仅是一个反叛恐怖分子危险而具有误导性的宣传，他愚昧地企图阻止有神明保佑的罗马统治的前进步伐。

第二章

# 帝国权力

## 权力的展示

游览以弗所这座伟大城市（位于土耳其境内的爱琴海岸）的人也许会被那些急于要看一支浩浩荡荡的游行队伍的人粗鲁地推开，或是为他们让道。这支游行队伍由至少250名祭司、年轻人和手捧31尊金银小雕像的市政官员组成。这个游行式开始于公元104年，是在以弗所最富有的人之一卡约·维比乌斯·撒路塔里斯慷慨捐赠了土地、钱款和金银之后才得以举办。在城市露天剧场南面入口处显耀位置展示的长篇碑文，气势恢弘地纪念了他的慷慨之举。这篇碑文是罗马帝国留存下来的最长的碑文之一，共计568行，分成6栏，刻写在差不多16平方米的大理石上。它记录了撒路塔里斯的种种善举，以及他的同胞接受捐赠的感激之情。即便路人不能阅读碑文的细部，但他们还是赞同以如此宏伟的公共建筑来纪念撒路塔里斯的慷慨行为。

通过对游行式细心的规划，撒路塔里斯向参与者和观看者简要地介绍了以弗所的历史。游行队伍从城外阿耳忒弥斯神庙出发。这座神庙是世界七大奇迹之一，也是地中海东部最为富有的圣地之一。以弗所以阿耳忒弥斯崇拜而著称。传说这位宙斯和勒托所生的女神出生于城外一片神圣的小树林。在这儿她的母亲为她找到了庇护所，可以不受宙斯之妻赫拉的猜忌。9 尊阿耳忒弥斯的神像、8 尊银像和 1 尊金像穿插在游行队伍中间。这提醒人们，即使在公元 2 世纪，以弗所被罗马帝国统治许久之后，它仍然珍视和传统希腊神明的密切联系。

这座城市的悠久历史也得到展示。根据一个古老的传说，早在距撒路塔里斯施行善举 1,100 年之前，以弗所就由英雄安德罗克洛斯建成。据说一头野猪掀翻了一只正在炸鱼的油锅，引燃了草地，从隐蔽处逃了出来。安德罗克洛斯杀死了这头野猪，从而实现了阿波罗的神谕：即定居者应在“一条鱼和一头野猪指引的地方”建城。公元前

3 世纪初，亚历山大大帝的亲密同伴之一利西马科斯重建了以弗所。他将城市迁到了现今的位置，使它面朝一个可通航的港口，并由一道巨大的环形城墙护卫着。在撒路塔里斯的善举里，以弗所历史上的这些重要时刻都得到了纪念。游行队伍捧着的雕像包括这座城市两位建立者和砒翁山的银像。砒翁山耸立在利西马科斯建立的新城的商业区背后，护卫着这座新城，而安德罗克洛斯就曾在这座山的山坡上猎杀过野猪。

游行队伍从阿耳忒弥斯神庙出发，经过城中的主要街道，最后再回到神庙，总共耗时约 90 分钟。通过 250 名庆祝者和 31 尊塑像，这支游行队伍展现了以弗所社会的运作模式、城市和神明的联系及其远在罗马征服之前的建城经过（以及重建情况）。同样重要的是，这一精心排练的活人造型表演还巧妙地融入了最近发生的事件。在象征以弗所市政议事会的雕像之前是象征罗马元老院的雕像，之后（隔着阿耳忒弥斯的另一尊雕像）是代表罗马人民的雕像。最为重要的是，整个游行队伍的前面是在位的图拉真皇帝和普洛蒂娜皇后的银质雕像。在一长串的游行队列中，这些象征罗马统治的光辉形象和以弗所的建城者及其保护神阿耳忒弥斯直接联系在了一起。

通过把在世的皇帝当作神明一样来崇拜，以弗所人不仅认可了帝国权力的至高无上，而且试图理解它，把它和更为地方性的事务关联起来。当这堂流动的历史课以缓慢而庄重的节奏穿过纪念性的城市景观时，它使人们完整地理解了以弗所在罗马帝国的地位。在城市新建区域的上广场上，人们捧着图拉真和阿耳忒弥斯的雕像路经供奉尤利乌斯·恺撒和奥古斯都的神庙；还经过了一尊巨大雕像（4倍于真人大小），它位于一个公元1世纪后期的神庙里，献给"神宠的诸皇帝"。特别是在这里，游行的队列表明，无论图拉真离这儿多么遥远，他还是像之前的统治者一样，像阿尔忒弥斯女神本身一样，特别关心这座城市。作为皇帝，图拉真只驾临过以弗所一次（113年晚秋前往安条克和东部边境时在此短暂停留），但这里的公民信心满怀地宣称，图拉真皇帝对他们关爱有加。正如撒路塔里斯的规定所要求的那样，他们每隔两周就举着图拉真闪闪发光的银质雕像，游行在城市的街道上，以此来确认他们自己在这个庞大帝国中的重要性。

就在二三十年前，阿弗罗狄西亚城（在以弗所往内陆延伸约130公里处）两个最富有的家庭宣告了他们自己的重要性及其城市和罗马的特殊关系。他们共同出资修建了两座宏伟的白色大理石柱廊，献给阿芙洛狄忒（该城即以她的名字命名）和“神宠的神明－皇帝”。柱廊有3层楼高，在一条大理石铺就的90米长道两旁相对而立。道路的一端耸立着一个巨大的门楼，另一端是用于帝国崇拜的宏伟神庙。柱廊的柱子将上面两层划分成大体呈正方形的格子，共计190个，每个都饰以有花纹的雕塑。北面柱廊的第二层饰以奥古斯都时期被征服诸民族的拟人化形象。与此直接相对，南面柱廊的雕塑则描绘了希腊神话中的场景。在最上层，描绘罗马诸皇帝的浮雕和描绘奥林匹斯诸神的浮雕并排在一起。在此，有限的历史时间和永恒的时间融为一体。在另一组浮雕中，一个带翼胜利女神像居中，一边是庆祝公元43年克劳狄入侵不列颠的浮雕，另一边则是庆祝公元54年尼禄即位之初在亚美尼亚获得短暂军事胜利的浮雕。如同奥林匹斯诸神一样，这些罗马皇帝也用英雄式的男性裸体雕像来呈现。一尊精心雕刻的奥古斯都像——其披风在身后飘然张开——正在接受象征大地和大海的形象的致敬。另一尊健壮的克劳狄像以胜利者的姿态踩在被击败的不列颠尼娅身上，抓住她的头发，把她的脑袋往后拉扯，准备给她致命一击。

这些场景意义深刻。它们在庆祝罗马胜利的同时，同样力图将它理解成是由传统神话与远古神明确立的宇宙秩序的一部分。通过把罗马皇帝看成神明一般，不受时间和距离的限制，行省居民便能理解他们自己的屈从地位。他们自己作为异族人的历史便能和十分罗马化的现实紧密地联系在一起。在阿弗罗狄西亚，甚至征服扩张——帝国最为残酷的一面——也被纳入了在希腊世界长期存在的宗教体系里。通过一系列形象淡化了它残酷的一面，强调了希腊神话和罗马历史的联系、阿弗罗狄西亚和罗马的联系以及奥林匹斯诸神和赤身裸体的罗马皇帝的联系。这些雕塑的观赏者能够以罗马进一步的征服扩张为荣。在这一帝国世界观中，阿弗罗狄西亚不同于不列颠尼娅，永远不会匍匐在罗马皇帝的脚下。

这一基本的模式不断被重复。米提林（位于爱琴海东北部的勒斯波斯岛上）的公民通过了一项法令，设立四年一度的运动会，以纪念奥古斯都，并在他的诞辰举行祭祀。这两项活动都以业已存在的宙斯崇拜为模式。法令条文连同下达给前去拜谒罗马皇帝的使者的指令被刻成了气势磅礴的铭文。指令要求这些使者在禀告奥古斯都时，应该强调说米提林人已认识到，对于那些“获得超凡荣誉并

**图 4** 克劳狄击败不列颠尼娅。用于皇帝崇拜的神庙建筑上的浮雕，阿弗罗狄西亚

具有神明的卓越及力量”的人来说，他们的提议微不足道；但他们也要奏明，如果能够想出任何其他的方式来表达对皇帝的敬意，他们也会立即付诸行动，因为“全城的人都会用所有的热情与虔诚来做任何使皇帝能更像神明的事情”。

在地中海遥远的另一方，高卢的一些地方贵族刻写铭文，纪念一些奇奇怪怪的、包含了多种文化传统的神明，诸如尼毛苏斯·奥古斯都、博马那·奥古斯塔、马耳斯·卢克提乌斯·奥古斯都、奥古斯都·阿努阿鲁斯和科美都阿·奥古斯塔女神。就像阿耳忒弥斯和图拉真同时出现在以弗所的撒路塔里斯游行中或是米提林将宙斯和奥古斯都联系起来一样，这种明确将传统神明和罗马皇帝结合起来的做法，也证明了传统信仰体系的活力，它能够找到新的方式来理解罗马征服的本质，并作出创造性的回应。这种“宗教双语主义”的形式有助于把帝国和地方上的事务结合起来考虑。

如同在全帝国范围内一样，在高卢人们也经常通过皇帝崇拜来争夺社会荣誉。在公元2世纪70年代后期，皇帝马可·奥勒利乌斯和康茂德出面干预，以避免卢格杜努姆（今法国南部里昂，高卢地区皇帝崇拜的中心）在祭司职位上的花费因其任职者的竞相攀比而进一步增加。因为每个祭司都试图通过举办更为奢华的角斗比赛来超过前任。罗马元老院颁行法令，限定角斗士的最高价格及其训练师收取的费用。为了庆祝皇帝神性而进行壮观的公共展示的欲望不得不和防止帝国祭司开销过大的要求平衡起来。重要的是，对所有相关方而言，这个在该行省最具声望的职位之一，应该被高卢精英集团中最富有成员看重。

在罗马城，帝国崇拜的焦点无疑是过世皇帝的神性。在市政广场周围，他们宏伟的神庙和纪念建筑矗立在帝国的政治宗教中心。最早的神庙敬献给神化了的尤利乌斯·恺撒，它是由恺撒的支持者在公元前42年（即他被刺杀两年之后）建造的。恺撒的神性由一颗彗星的出现而得到确认，因为这象征着一位新神升入了天国。对于恺撒的养子屋大维而言，这为他将自己描绘成“神子”找到了理由。在随后的内战中，这个令人吃惊的称号凸显了神明对他的护佑，也为他的胜利提供了一种解释。在被击败的马可·安东尼看来，屋大维是个“靠名头获得一切的小子”。奥古斯都本人的神性则由一只雄鹰从其火葬柴堆中飞出而得到证明，此鹰是众神之王朱庇特的圣鸟。有时候这类令人称奇的升天时刻（在尽量真实再现的情况下）需要更为细致的想象。在公元 161 年后不久建造的一根记功柱的底座上雕刻了一幅浮雕，用于纪念刚去世的皇帝安东尼·庇护。它表现的是一位展开巨大双翼的青年背负着皇帝和皇后福斯蒂娜（20 年前就已去世）飞向天国。由两只雄鹰护卫两侧，皇帝和皇后两人在象征罗马城的人物上面高高升起。有时候现代的观赏者盯着这类形象，完全觉得难以置信。对很多人来说，很难理解一个不承认在人性和神性之间存在着不可逾越的界限的宗教体系。在古代世界，人与神并不是明确对立的两极。重要的不是个体的本性究竟是人还是神，而是他或她在这个人神之间的模糊领域内所处的位置。也有可能很难想象存在一个没有明确区分宗教和政治的社会。然而在罗马帝国，围绕皇帝崇拜的宗教仪式的重要性并不亚于统治的“正事儿”（诸如行政、司法、税收、军事等国事）。相反，宗教意象和宗教语言是罗马政治语汇中不可或缺的部分。

敬拜在世皇帝及其死后化身为热心于这些活动的人提供了一种理解归属罗马帝国究竟意味着什么的方式。无论

图 5 安东尼·庇护和福斯蒂娜升天。安东尼·庇护记功柱底座上的浮雕，罗马，现藏梵蒂冈博物馆

是在以弗所、阿弗罗狄西亚、米提林，还是在高卢，这种敬拜活动都能将个人和社会同一个单一的帝国中心联系起来；它能够将传统的神明及悠久的地方信仰整合进一个仪式体系，并使之在整个地中海世界得到复制；它还能提供一种理解专制权力的语言。对于像卡约·维比乌斯·撒路塔里斯这样在自己的城市里处于最高地位的富人来说，向另一个凡人低头致敬会冒不堪设想的遭社会羞辱的风险，但崇拜一个神明为地方显贵提供了一种既能承认自己的从

属地位又不失颜面的方式。实际上，在争夺城市和个人荣耀的竞争中，显示和神圣皇帝的特殊关系既加强了那些担任祭司和赞助节日、出资建造神庙者的特权地位，又确认了他们城市的优越地位。特别是，这公开表示，他们是属于一个世界性帝国社会的成员。公元2世纪埃及一片纸草上保留下来的部分谚语式问答录，简洁地概括了这种由帝国强加的天地等级观念：

什么是神明？权力的行使。

什么是统治者？宛如神明。

## 接近皇帝的难题

对于许多接近帝国中心的人，尤其是对于那些身处皇宫的人，如此满怀信心地宣布皇帝的神性，并没有完全领会到当面和皇帝相处的复杂性。毕竟，皇后福斯蒂娜娴静地站在她钟爱的丈夫身旁、他们一起安详地飞上天国的情景和一个桀骜不驯的女人、其放荡的生活为安东尼·庇护严格的家规所约束的形象之间有着很大差距。同样，在阿弗罗狄西亚的南面柱廊上的克劳狄裸露着威武的身躯，身材比例极其匀称，这和现实中淌着口水、说话结结巴巴和遇事优柔寡断的皇帝也有着很大差别。据说在他小时候，其母安东尼娅无情地抛弃了他，斥他为不完全的人："与其说天生不完全，不如说简直没有开始生长"。

一面是专制统治，像神一般行使绝对的权力，另一面是那些罗马帝国统治者具有的凡人的缺点，这两者间的不一致有时会成为人们消遣的对象就不足为奇了。最逗人的俏皮话是由皇帝本人说的。据说在公元 79 年 6 月，维斯帕西亚努斯在临终之时以嘲讽的语气俏皮地说道："见鬼！我想我要变成神了！" 在此 25 年之前，即公元 54 年，卢奇乌斯·阿内乌斯·塞内加（著名的道德论者、哲学家和剧作家）撰写了一篇辛辣讽刺克劳狄皇帝神明化的作品。它的标题 *Apocolocyntosis* 是希腊语中的"apotheosis"（"神明化"）一词的巧妙变体，大体可译为"南瓜化"。塞内加想象，死去的克劳狄站在奥林匹斯的天庭门前，嚷着要求进入天庭。朱庇特有些不知所措，召集众神商议此事。在争论结束的时候，克劳狄的叔祖、已神化成仙的奥古斯都发表长篇演讲，坚决反对接纳他："难道是为此我才保障陆地和海上的和平的？难道是为此我才制止内战的？……谁会把这个人当作神明来崇拜呢？谁会相信他呢？如果你们把这类人变成神明，那么谁也不会相信你们也是神明。”在场诸神无不称是。克劳狄当即被逐出天庭，并被墨丘利拖到冥界接受永世的惩罚。

尽管这些话尖酸刻薄，但这类幽默的讽刺作品还是应该受到认真对待。与其说它们说明了罗马精英阶层对皇帝神性持某种怀疑的态度，不如说它们承认了（我们社会中最好的政治讽刺作品通常也是如此）理解权力的困难和围绕权力的行使进行直接批评的担忧。问题不在于接受一个在世皇帝的权威，而在于建立一个道德体系，以便使皇帝的行为得到评判。在其哲学论文《论仁慈》（作于《南瓜化》发表两年之后，是写给尼禄皇帝的）中，塞内加提出，要行使帝国权力就要有种紧张感和自我约束的精神。负责维持和平者不得不随时为战争做好准备，负责司法者不得不总是控制自己的情感和语言：

陛下也许难以相信，君主会被剥夺即便最低贱者也享有的说话的自由。陛下也许会说：“这是枷锁，而非最高权力。”

果真如此吗？陛下难道没有意识到，最高权力意味着陛下要接受一种高尚的奴役吗？……居于至高无上之位所受的奴役在于不可能从这一地位下降。陛下与诸神一样同受这种限制。他们同样被牢牢系于天庭，……陛下也被固定于权力的顶峰之上。

尽管皇帝如同神明，掌握了帝国的权力，但他们可能也受制于一套道德规范，其行为理应合乎这一规范，贵族精英一直以此来颂扬皇帝。公元100年9月，著名的元老院议员小普林尼向图拉真和元老院发表了一次演说，感谢皇帝授予执政官一职。在这篇颂词中，普林尼极力强调图拉真的主要美德：仁慈、简朴、虔诚、开明以及平易近人。他像神明一般关注正义："他目睹一切，耳闻一切，只要有人请求他帮助，他立时到场"。实际上，即使朱庇特也有理由感激他："由于他把你给了我们，以便卸去他自己对于整个人类的责任，他才能有更多的时间关注天国之事"。尤其是，普林尼赞美图拉真的谦逊，赞美他作为公民之一员的行为，和普通公民一样受到法律的约束，并相互尊重各自的社会地位。在普林尼精心构建的政治经济学中，好皇帝同时也是好公民——罗马贵族精英经常以巧妙的修辞艺术重述这个悖论。的确，普林尼令人称奇的警句式语言几乎使人忘记，君主不可能同时也是臣民：

皇帝是我们中的一员，他的地位之所以更高更突出，乃是因为他认为自己是我们中的一员，并且认识到他既是众人之上的统治者，也是一个普通人。……当一个人身处最高位，不能再向上一步时，他唯一可以往上走的路就是走下来。

当面赞扬一个专制君主永远不是件容易的事。普林尼优雅的修辞表述抓住了——即使只是暂时地——廷臣所面临的困难。他们和图拉真相识，并且他们的成功仰赖于他不断的关照。要连贯地把握理解帝国权力各种可能的、时而又明显矛盾的方式，并不是件容易的事。对于普林尼而言，关键（正如在以弗所和阿弗罗狄西亚）在于宣称在他的听众和皇帝之间有着某种联系。其演说的核心在于论证，图拉真和帝国精英阶层是利益的共同体。一个值得称颂的皇帝应该试图保护这个群体的特权。在普林尼看来，皇帝展示的最大美德即是愿意被看成是“我们中的一员”。

实际上，普林尼用另一个令人难忘的悖论说明，正是图拉真以普通公民的身份行事才使他获得了至高无上的地位：“陛下从我们都踩踏过的土地升入天国，在这里皇帝的脚印和我们的脚印融为一体。”

## 书写帝国权力

普林尼的同代门生苏埃托尼乌斯是一位学者和能干的官员，在图拉真及其继任者哈德良的宫廷里担任过许多要职。普林尼通过赞扬图拉真对帝国权力的行使而暗示的许多期望，在苏埃托尼乌斯撰写的一系列皇帝传记里得到了更为公开的表述。和普林尼一样，苏埃托尼乌斯公开进行道德评判。他既赞扬也批评，他批评的尽可能是很早以前的皇帝。他为之作传的所有皇帝都已死去，因而没有什么危险，其《十二恺撒传》中的最后一位皇帝是图密善，也已在他写作的二三十年前去世。

作为一名传记作家，苏埃托尼乌斯尤其致力于揭示人类行为的秘密动机。好皇帝因其美德而能享有盛名：开明、谦逊、中庸、仁慈。他们的个人功绩和有节制的私生活反映了其政治主张，即尊重罗马富有精英阶层的地位和重要性。在苏埃托尼乌斯看来，奥古斯都是卓绝不凡的典范，他恢复了元老院的荣誉，并认可了其首要地位。正如他为国家建立了良好的秩序一样，奥古斯都在私生活方面也值得赞赏，是自我节制的好榜样：

从仍然保留下来的躺椅和桌子可以看出，他没有在家具和家居用品上花钱，……据说他只在低矮而装饰简易的床上睡觉，……他吃喝节俭（我甚至不愿省略这点），通常只吃普通的食品，尤其喜食粗面包、小鲱鱼、手工制作的软奶酪和青无花果。

坏皇帝的标志是他们的恶劣品质：傲慢、残酷、贪婪、奢侈、纵欲。他们的性格缺陷及其私生活的荒淫无度，反映了他们对维护罗马社会等级体系的漠不关心，而这一点是应当受到责备的。在苏埃托尼乌斯看来，卡里古拉无耻地在普通公民中博取公共声望清楚地表明了社会的失序。他威胁说要授予自己最宠爱的宝马执政官职位。我们不应把他的威胁看成是巧妙而蓄意地侮辱这个象征元老院议员生涯顶峰的官职，而应看成是他几近疯狂的恋马癖。在这个混乱的世界里，如果人们说一个皇帝不顾礼仪颜面，在公共场合命令元老院议员跟在他战车后面跑，人们也会相信他在私生活中一定沉湎于奢华酒宴，整日同男男女女、议员的妻子、甚至他自己的姐妹交媾贪欢。

苏埃托尼乌斯在卡里古拉身上所注意到的道德腐化在尼禄那里得到了重现。尼禄应该为公元 64 年的罗马大火灾负责，这是他巧取豪夺土地的开始。在城市中心一块 50 公顷的土地上，尼禄建造了一座新宫殿，它坐落在风景优美的享乐花园里。就其规模和奢华程度而言，尼禄的“黄金屋”远远超过了奥古斯都及其后继者们在俯瞰市政广场的帕拉丁山丘上修建的皇帝住所。在苏埃托尼乌斯看来，在罗马市中心建造可谓是乡间庄园的做法，颠覆了事物的自然秩序。这是一个再明显不过的表明尼禄政权无意维护一个良治社会的信号。帝国权力可能更多地基于城市的大众诉求而非元老院的精英支持，这种威胁最为恣意地表现在尼禄对诸如战车比赛、戏剧和角斗士比赛等大众娱乐的热情中。对苏埃托尼乌斯而言，这是性格存在致命缺陷的某种证据。其道德教训十分清楚。一个在角斗场上角斗、在舞台上表演的皇帝，更有可能被谴责为是危险的自大狂，在世界的都城陷于大火的时候，他却在漫不经心地弹着里拉琴或是哼着荷马史诗中的小曲。

对尼禄演技的关注，也是对其统治最有影响的记叙中的重要主题。这一记叙和苏埃托尼乌斯的传记一道，在很大程度上塑造了现代人对罗马皇帝的认识。和普林尼以及苏埃托尼乌斯同时代的科内留斯·塔西佗是最敏锐的历史学家和最深刻的政治评论家之一，其著作从古代世界流传了下来。在其《编年史》（约公元 120 年写成）中，塔西佗描绘尼禄乐意在舞台上扮演各种角色，他认为这是尼禄对在皇宫这个更为私人的世界里不断排练的一系列技艺的公开表达。在这里尼禄皇帝也在表演，在这里由廷臣和皇族成员组成的一小群观众试图预测剧情，以便知道何时鼓掌、何时说话、何时保持沉默。

《编年史》中最令人难忘的场景之一开始于皇帝的家宴。全家人聚在一起，看上去一派温馨、其乐融融的样子。出席宴会的有尼禄的母亲阿格丽品娜，年轻的屋大维娅及其兄弟不列塔尼库斯。作为克劳狄皇帝幸存的最后一个儿子，他对尼禄的皇位构成了最严重的威胁。席间不列塔尼库斯突然昏倒在地，说不出话来，拼命地喘着粗气。这（至少在塔西佗的叙述中）是一个谋杀的情景。不列塔尼库斯的一杯热饮已由其随从尝过，但随后用了含有剧毒的凉水冷却。在年轻的王子气绝之时，尼禄却说并无不寻常之事发生，这个男孩只是癫痫病发作，很快就会没事。在知道了不列塔尼库斯并非在演戏，而是真的死了之后，那些不谙宫廷虚礼者匆忙离开了宴会厅。那些熟谙此道的人则留在原位。不列塔尼库斯慈爱的姐姐屋大维娅并没有畏缩（用塔西佗的话说）："尽管她年轻不经事，但已学会了掩饰自己的悲伤、自己的喜好、自己的各种情感。"所有人的目光都聚集在尼禄身上，看他怎么做，他们好依此而行。"接着在短暂的沉默之后，宴会的喜庆欢乐气氛又重新恢复了。"

尼禄的皇宫是一个危险的世界，即使是像无辜的屋大维娅这样沉默的旁观者，也不得不和别人一道来掩饰自己的真实情感。在不列塔尼库斯死去 4 年之后的公元 59 年 3 月，尼禄邀请母亲和他一起到巴伊埃度假，这个度假胜地在今天那不勒斯附近的康巴尼亚海滨，那时达官贵人常到此地。阿格丽品娜接受了邀请，盼望着好好（据塔西佗所载）享受一番。而且，尼禄在一次表现得尤为体贴周到的宴会之后，命令一艘装饰华丽的新船送她渡过海湾。一个星光明亮的夜晚，在靠近海岸的地方，灾难降临了。一切似乎都按照尼禄的计划进行：船散架了，也许这原本就是设计好的。这本会是又一次谋杀。但阿格丽品娜和她的侍女阿克罗妮娅被她们斜靠躺椅的结实边架所救，没有被压死。在接下来的一阵混乱之后，她们落入水中。

阿克罗妮娅叫喊说她是阿格丽品娜，自忖她会因此而得救。但是她装得太逼真，船员立即用锚和桨把她打死。阿格丽品娜本人则静静地游到岸边，只是受了点轻伤。尽管怀疑有人企图杀她，她还是立即令心腹仆人阿格尔姆斯去向尼禄报告，说她侥幸从一次事故中死里逃生。而尼禄则惊慌失措，将一把宝剑扔到阿格尔姆斯脚下，声称他刚刚侥幸逃过一次暗杀。尼禄宣称阿格丽品娜明显想要害死她的亲生儿子，于是派军队去杀她。宫廷里的人不知所措。一些人开始庆祝皇帝的好运，尼禄则眼含泪水，哀悼他生母的死亡。

在塔西佗的《编年史》中，尼禄对帝国权力的行使，扭曲了他的世界观，并给他带来了杀身之祸。在尼禄统治下，罗马是个黑暗险恶之地，诸事皆暗藏玄机。在这里和皇帝有关的人只能力图揣摩皇帝心血来潮的举动。所有人——或有意地、或偶然地、或不情愿地——都不可避免地陷入虚伪和欺骗之中。塔西佗把政治世界看成一个舞台，所有人都在表演，而只有少数人（如果有的话）能撰写自己的剧本。这个核心意象极具吸引力。对于那些坚决持怀疑主义立场的人和那些热情支持共和主义的人来说，这是一个警示专制统治危害的意象。贯穿《编年史》始终的就是对腐蚀权势之人、危害统治过程本身的帝国体制的揭露和批判。这里面没有英雄人物。塞内加（尼禄亲近的幕僚之一以及《南瓜化》和《论仁慈》的作者）在自己的浴室自杀，试图通过此举来逃避帝国政权不可接受的要求。这必然是徒劳之举。在塔西佗看来，这无谓的死亡有点像是一场闹剧，以一种残忍的方式暴露了（因为这位博学之士气绝之时仍在让文书记下他的想法）塞内加过于夸大自身重要性的想法。

节俭的生活方式导致身体衰老而瘦弱，他的血只能缓慢流出。塞内加割断了腿上和膝盖下面的动脉，……然而即使在这最后时刻，他仍能说会道；因此他唤来文书，让他们记下一篇长文。

尽管塔西佗对专制独裁带来的不可避免的恐怖统治进行了道德批判，但我们应该谨慎对待而不应全然接受这些批判。塔西佗生动的文风（如同 19 世纪最优秀的小说家一样）有时候能使读者忘记，他根本就不可能知晓那些他当作无可争议的事实而描述出来的许多行为和动机。如果尼禄，或者屋大维娅，抑或阿格丽品娜真是在掩饰他们的情感，我们也很难确定塔西佗或者给他提供史料来源的人何以知道他们真正的感受。相反，塔西佗描述的帝国历史中，一切都是狡诈谋划的，一切都是事先精心安排的，一切都是娴熟表演出来的。真正欢呼的大众不起作用，来自贵族、民众或行省的任何真正支持也不起作用。没有可能确定不列塔尼库斯是否真正死于癫痫病发作，或者阿格丽品娜是否确实遭遇了怪异的海船事故。塔西佗记叙之时已是事发 60 年之后，他怎么可能收集、研究和核实有关谋杀阿格丽品娜（如果的确如此的话）企图的重要细节呢？即使我们假定塔西佗总是力图恢复事情原貌，我们又怎么

图 6 尼禄和阿格丽品娜。用于皇帝崇拜的神庙建筑上的浮雕，阿弗罗狄西亚

能确信塔西佗能够有把握从谎言中筛选出事实呢？

当然，关于尼禄的记载也有其他的版本，它们可能和塔西佗的记载一样令人信服或是一样不可信，或者说一样无从知晓其真实性。但是可能找到其他的方式来考证这位皇帝的名声。至少我们应该质疑塔西佗记叙罗马皇帝时令人难以忍受的自以为是和苏埃托尼乌斯在帝王传记中强加的道德规范的诱人之处。苏埃托尼乌斯（总是热衷于强调罗马精英阶层的权利要求和偏见的重要性）和塔西佗（对他而言，权力不可避免地导致腐败）他们自己也是关于如何理解帝国权力争论的一部分。仅仅因为他们有时似乎更为直接地投合现代人的心理并不能使他们的叙述更为准确或可信。两人都有自己巧妙的安排，读者应该敏锐而不安地意识到这一点。

和罗马皇帝的这种形象一道，我们可以同时尝试列举一系列其他观点——一些相互矛盾，一些相互补充，另一些则相互重叠。在塔西佗和苏埃托尼乌斯严肃的历史记录之外，我们还应该列举奢华的游行式、昂贵的雕塑组合、言辞夸张的演说和令人印象深刻的碑铭。这样做不会使我们更接近“真实的尼禄”或其他任何皇帝（最终的目的不是评判一种记叙是否比另一种更可信）。但我们却更能理解罗马世界的人们理解和表述帝国权力的各种方式。

在公元1世纪中叶的阿弗罗狄西亚，那些负责在皇帝神庙前的两座柱廊里建雕塑的人，定制了两块敬献给尼禄的大理石石板雕塑。如同其他罗马皇帝的雕像一样，这些雕塑也是一个庞大的雕塑计划的一部分，该计划包括了希腊神话传说中的英雄和奥林匹斯诸神。在一块雕塑板上，尼禄赤裸身体，以胜利者的姿态站在一个精疲力竭的女人面前耀武扬威，后者代表了被征服的亚美尼亚。在第二块雕塑板上，他身着军服，手持长矛，可能还有一个宝球，其母阿格丽品娜左手拿着丰饶角（一种象征丰足的角，角上盛满了葡萄和石榴），正给他戴上桂冠。这些令人印象深刻的想象表现了一个强有力的神明般的皇帝，它们是对罗马帝国持久的力量和繁荣的公开颂扬。作为帝国力量的象征，这两块雕塑板不应太轻率地被我们屏弃——尽管像塔西佗这样一个历史学家可能只会带着挖苦和嘲讽的微笑看它们一眼。

# 第三章

# 共谋

## 统治罗马帝国

公元 2 世纪初，在小普林尼为担任执政官而发表了一篇含义微妙晦涩的答谢词 10 年之后，图拉真皇帝派他去统治黑海南岸的比提尼亚－本都行省。留存下来的普林尼和皇帝的通信为我们提供了一个深入了解罗马高层管理者的独特机会。在写给皇帝的信中，普林尼表达了他执行敕令的热情。在为期两年的时间里，他给图拉真写了 61 封信，内容涉及各种事务，其中 39 封是请皇帝就有关事务作出决策或是给予认可。例如，在接到皇帝的许可之前，普林尼没有擅自审查阿帕梅亚城的市政账目，尽管该城公民愿意提供这些账目（考虑到前任皇帝准许阿帕梅亚免于总督审查，普林尼的犹豫自有其理由）。他还请求图拉真批准所有新建筑的建造，因为在此前的10年里，建筑工程成为市政开支过度的主要原因。他还向图拉真汇报了诸如尼科美狄亚两座引水桥未能完工、修建了一半的尼凯亚露天剧场下沉、在克劳狄城建造新浴池的规划过于庞大等问题。他建议在尼科美狄亚修建一条运河，在锡诺普修建一座引水桥，在普鲁萨建造新浴池，给阿马斯特里斯城主街上发臭的敞开式排污沟铺上遮盖物。

从某个角度来看，尽管普林尼在比提尼亚–本都的管理活动是必要的，但是却似乎比较平庸（确实几乎不值一提）。他会坚持审查市政开支的记录或是请求图拉真批准建筑计划，抑或试图使帝国指令的模棱两可之处协调起来，这无疑说明他勤勉地履行了职责。同样，我们可能会想，总督关注一个繁荣行省里城市财政的健全本是无可厚非的。以现代人的感受而言，在两年时间里向皇帝请奏39次（即使这仅仅是更多奏请中公布出来的一部分），几乎不会有人觉得普林尼的管理是干涉过多的。但是对当时的人而言，这些详尽的调查之所以值得注意，恰恰是因为它超出了通常的做法，超出了罗马帝国统治应有的标准。

普林尼是个例外，而非常例。在多数时候，罗马总督们惯于被动作出反应，而非主动采取行动。他们并不干预自己行省里各城市的内部事务。如果有人请愿或是要求仲裁，他们才可能选择裁决，尽管在许多时候仅仅是发回地方市政官员审理。在遇有要求或必须的时候，他们才对事态或是争端作出回应。他们是当地人可能求助的权威，而非主动行动的调查官。行省总督下属人数不多，反映其职权范围有限。普林尼不可能有100多个训练有素的官员帮他管理比提尼亚–本都行省事务。在可能发生反叛或因容易受到攻击而须更多警戒的军事化边境行省，官员人数要多一些。在公元2世纪，不列颠行省驻扎有3个军团，其总督有多达450名下属官员协助他，其中绝大部分是从军士中临时调派的。总体而言，在整个帝国范围内，协助像普林尼那样负责行省管理的总督的官员总共也就1万人左右。

这个数字非常小，尤其是对那些习惯于现代国家施加严格管理的人们而言。这些现代国家通常都有一套涉及面很广的政策和计划。在此可以进行一下统治规模的大体比较：为了服务于和罗马帝国大体相当的人口，英国政府目前雇用约50万官员。不过要承认，罗马政府从未试图提供大众教育、住房、医疗卫生和社会保障等福利（也不认为有必要或值得这么做）。即便如此，从管理的角度来说，罗马对地中海世界的统治是非常经济而节俭的。很难说罗马帝国是统治过度了。

## 小城市社会

这种最少干预的状态是行省里许多人渴望维护的。在普林尼担任总督之前的第十年，比提尼亚－本都行省的中等城市普鲁萨的一个头面人物呼吁同伴，不要做任何可能破坏这种有利安排的事情。这位才艺出众的演说家和哲学家叫狄奥·科齐亚努斯，钦佩不已的后人称他为狄奥·克里索斯托姆——即“金嘴的狄奥”。他的演说留传下来的有80篇，其中一些是在市政大会上的发言。（正如普林尼对其浴池的调查所确认的，）普鲁萨是个普通的地方，很像散布在地中海地区的成百上千的其他小城。它坐落在迷人的比提尼亚最高峰奥林帕斯山下一片宽阔的阶地上。普鲁萨的繁荣依赖于出口低矮山坡上茂密森林里的木材，耕种山下宽阔肥沃的山谷，以及吸引旅游者到这里的温泉来。

普鲁萨及其周围领土上的居民由一个公民大会和一个市政议事会来代表。公民大会向所有达到最低财产资格的成年男性公民开放，议事会成员资格则受到更严格的限制，局限在大概两三百个最富有的公民中间，他们担任着城市的高级官职。这些人是普鲁萨的地主士绅阶层，是一个收入主要来源于农庄的富人团体。这些富人及其家庭代表了这座城市的"品质"，他们期望其高贵的社会地位得到所有人的承认和重视。他们是一个势利、自私、内向的阶层。在不断的艰难的地位争夺战中，他们心怀妒忌地互相注视着对方。他们将时间花费在了精心组织的社交活动（宴会、打猎、履行公共职责）、做作的繁文缛节、以及煞费苦心而又错综复杂的阴谋诡计中，后者是任何一个以继承权和婚姻关系紧密结合在一起的小特权群体的特征。

普鲁萨每年从这个"上层阶级"的成年男性中选举官员（名义上是由公民大会选举，但必须从市政议事会事先选定的候选人中选举），最高级的职位则由少数权势家族把持。狄奥·克里索斯托姆父子都担任过首席行政官。在市政议事会的监督下，一个由地方性租金、间接税（例如关税）和特别税组成的税收体系为城市管理提供了资金：

为差役队伍提供经费和设备、监督粮食供应以确保有定价合理的食物、维护排污系统、维修公共建筑和街道、供应公共浴池燃料、规范私人建筑以及控制度量衡。此外，市政议事会中最富有的成员为了获得优越的地位而永无休止地进行竞争。作为这种行为的一部分，他们被指望利用其私人资源承担公共娱乐的费用（宗教节日、纪念宴会、文化与体育竞赛、角斗士比赛等），并资助旨在美化他们城市的各项浩大工程。

同样重要的是，市政议事会集体负责向罗马交纳岁贡。这些岁贡部分按人头税计算，部分按财产税计算，用于在需要时（例如用于道路维护）组织和提供劳动力，以及为军队招募新兵。作为满足这些帝国基本要求的回报，像普鲁萨这样的城市被允许自己管理其内部事务。在狄奥·克里索斯托姆看来，是这种免于帝国干预的自由加强了小城市社会持续不断的活力。同样，是帝国的存在（以及在动荡时进行报复的威胁）巩固了富人的高贵地位，并证明了他们对城市的控制是有充分理由的。

这些是地方精英阶层不愿放弃的重要利益。在公元1世纪70年代，普鲁萨人对食品价格的上涨感到愤怒，要求任命狄奥为负责粮食供应的专员，并要求他出钱补贴在公开市场上购买的粮食，从而使所有人都受益。在狄奥拒绝后，情况变得严重起来。一群人差点放火烧了他的房子。后来，狄奥在城市的公民大会上发表演说，为自己的做法辩护。他列举了自己以前及其家庭世代的善举，举例说其祖父“慷慨地花费了他从自己父亲和祖父那里继承的全部财富，直至分文不剩”。狄奥宣称他已经负担了超出他应承担的公共开支，还说他其实不是普鲁萨最富有的人。他建议公民大会从那些尚未将私人财富用于公共支出的人中选出合适的粮食专员。

这是一个双重的指责，既指责公民，要求他们停止通过暴力强行提出要求，也指责在市政议事会里的同僚。狄奥有针对性地指出，市政议事会应集体负责确保普鲁萨得到合适的管理。也许不是每个人都相信狄奥所宣称的财力有限及其祖父散尽家财的慷慨。即便如此，不管该城的精英阶层在此事中是多么不想表现出热心公益和慷慨解囊的精神，这样做都于其长远利益有害。如不能应对这一共同面对的挑战，那必会招致罗马当局的出面干预，而这是大家都不愿看到的。狄奥以一个毫不客气的比方强调了这一点：

城市中所发生的事都逃不过总督的注意。正好相反，就像家长会将孩子在家里的淘气告诉老师，城市公民大会的不当行为也会被汇报给总督们。

后来不断有人对狄奥·克里索斯托姆的忧虑和他的自我利益表示了关注。在公元2世纪中期，另一位著名的希腊演说家埃留斯·阿里斯提得斯发表了一篇演说，热情洋溢地颂扬了罗马。他对罗马的颂扬牢牢基于其在斯米尔那（位于土耳其爱琴海岸的今伊兹密尔）的地方从政经历。在阿里斯提得斯看来，罗马帝国的一个独特之处，就是对管理地方社会的日常事务缺乏兴趣，这一点尤其值得称道。不仅帝国官员的人数少，而且在远离边境的地方也只有少量兵士。在帝国境内像小亚细亚这样最为和平的地方，整个行省驻扎的军队可能不超过500人。当然，帝国能够迅速地集结大军，但重要的是罗马的统治机构中没有永久驻扎在地中海地区诸城的军队。埃留斯·阿里斯提得斯对统治体制的这一好处大加称赞。在他看来，最好将罗马帝国描述为“独立城市的共同体”。反过来，城市的自治解除了罗马政府和军队的巨大负担:“没有必要在城市的要地驻扎军队，因为每个城市里最显要最有势力的人正为你们守卫着他们的家乡。”

地方精英集团是罗马帝国成功的关键。对于那些从最初征服的创伤中幸存下来、放弃任何无谓的有组织抵抗的人来说，和统治力量建立一种恰当关系的好处不言而喻。事实上，对于行省的许多人来说，他们最能感觉到的罗马统治就是加强了现存寡头集团的实力，使它们在地方能够施行绝对的控制。在像普鲁萨和斯米尔那这样的城市，帝国的存在明显加强了少数几个富有家庭令人难以忍受的对城市事务的独裁专断。就像狄奥·克里索斯托姆强调的那样，不能允许城市内部的争斗破坏公共秩序，进而危及现状。与此相似，在西部行省，罗马的有效统治依赖于和地方强人的亲密关系。在西班牙、高卢和不列颠，帝国统治的确立结束了部落战争及其首领沉浮的恶性循环，在这之前他们岌岌可危的地位受到不断冲突的挑战。那些支持罗马统治的首领发现，通过和帝国力量建立密切联系，他们作为地方最显要人物（在罗马总督之后）的地位得到了加强。比起罗马征服之前，他们现在更加稳固地占有着权力和财产。

在地中海地区的各个城市中，罗马统治支持了地方精英阶层，保障了其重要性和权威性。连最令人恼恨的帝国要求，即缴纳岁贡，也可能使他们受益。那些承担征税经济风险的市政议事会成员，同时也最容易转嫁纳税负担。他们可以串通起来估低自己的财产总值、提早要求他人缴税以及自己拖后交税，这样一来，他们便能最大限度地转嫁负担，捞取利益。对于这些显贵来说，帝国统治的压力既是获益的潜在来源，又是其地方权力的基础。帝国的需要使他们对小土地所有者少量剩余产品的暴力榨取（有时如此）合法化了。农民以佃农和纳税者的双重身份被束缚在了富人的田庄里。

对于那些统治地方并保障了和平以及定期上缴税收的人来说，其优越地位因获得罗马公民权而得到了进一步加强。罗马帝国经常将公民权授予曾经担任市政官员的家庭及其直系后裔，也授予在罗马军队的辅助部队中服役满25年的兵士。狄奥宣称他应该被看成是普鲁萨有影响的人物，其中的一个主要理由就是其父母都是罗马公民。对于像狄奥这样的人来说，公民权的实际好处显而易见。他们获得了罗马法律提供的保护，对那些最富有和最有野心的人来说，他们由此而获得了在帝国行政部门和军队中担任高级职务的机会。

让组成帝国诸城中的统治精英有机会获得罗马公民权也有助于确保他们会主动去调和对地方和对帝国的忠诚。在公元 168 至 169 年，马可·奥勒利乌斯皇帝和卢西乌斯·韦鲁斯皇帝将公民权授予了尤里安的家人，后者是生活在摩洛哥阿特拉斯山区高处的泽格棱斯民族的领袖之一。为了宣传他是享有特权、与罗马有着特殊关系的帝国精英集团的一分子，尤里安的长子（他在九年之后也为自己的家人赢得了罗马公民权）用拉丁文将两位皇帝的授予状永久地刻写在了一块精心雕刻的青铜饰板上。对于那些希望追求如此成就的人来说（而且皇帝急欲鼓励其他人这么做），它传达的信息十分清楚。尤里安、他的妻子和四个孩子成为了罗马公民，“因为他乐意服从我们一方，表现得尤为忠诚”。就像每个知道尤里安的人毫无疑问都意识到的那样，在这里“我们一方”指的是罗马帝国。

拥有罗马公民权的人形成了一个群体，他们可以宣称是整个地中海范围内利益相互汇聚在一起的共同体的正式成员。在扩大公民权方面，罗马帝国比起其他古代国家和许多现代国家都更为宽容大度。(例如，在公元前5世纪推行民主政治的雅典，只有父母同为公民的人才能成为公民。) 这种对地方贵族相对大方的包容，是罗马统治的一个重要方面。埃留斯·阿里斯提得斯特别挑出这一点来大加称赞:“这件事情比起其他所有事情都更值得关注和钦佩：我指的是你们的公民权及其宏大的构想，因为在其他地方完全没有发现类似的情况。”阿里斯提得斯的赞扬很容易理解，因为他属于那个少数富有的享有公民权好处的小群体。最为重要的是，他的热情称赞揭示了罗马统治最为持久的一个方面，即在整个地中海世界，被征服的行省精英迅速而成功地转变成了帝国的统治阶级。现在征服者和被征服者都能把自己说成是罗马人。

## 修建纪念建筑的冲动

行省中对于安全和繁荣最为引人注目的庆祝体现在私人出资修建的大量纪念性建筑中。地方显贵竞相以具象方式表达他们在所处城市中的优越地位以及他们属于帝国精英集团的身份。几乎所有城市都从这种竞争冲动中受益。现代观光者最为称道的柱廊、图书馆、神庙、凯旋门、浴池和露天剧场，大部分都是在这个为表达自我优势而慷慨捐建公共建筑的高潮中兴建的，它们同时也是富人想要表明他们城市完全属于帝国城市这一奢侈愿望的产物。今天，这些建筑的精美大理石覆面已不复存在，其亮丽的彩绘装饰也已永远褪去，只有饱受风霜侵蚀的建筑骨架能略微显出它们以前的宏伟气势。

公元 2 世纪中期，葵库尔（今阿尔及利亚的贾米拉）最尊贵的公民之一卢西乌斯·科西尼乌斯·普里姆斯出资修建了一个巨大的新市集。它是一个由长方形柱廊（24 米长，22 米宽）包围着的广场，中间有一座六角形的柱廊式亭子，直径达 5 米。柱廊顶部的一圈铭文清楚地记录了科西尼乌斯的慷慨大方：他出资并指示他的兄弟卡尤斯监督建造“市集及其柱子和雕塑……还有亭子”。

同样重要的是，这个设计方案是有意模仿之作。卢西乌斯·科西尼乌斯的新市集是罗马大市集的微缩形式，后者建于公元 59 年，公元 64 年的大火烧毁了罗马大片城区之后，在尼禄的统治下又得以重建。大市场由一个大露天广场组成，周围是一个两层楼的柱廊。在市场的中央耸立着一个同样宏伟的圆形亭子。这种设计在帝国各地广为复制。以罗马大市场为模式建造市场表明这些城市都紧跟大都市的时尚风潮。一座偏远的行省小城也会炫耀它关于帝国首都和国际时尚的知识。

对罗马城本身而言，大市集的建造是为了赶超一座古老得多的建筑（可能也是在公元 64 年的大火中烧毁的），后者最初是执政官、常胜将军马可・弗尔维乌斯・诺比利奥在公元前 2 世纪早期出资建造的，其平面布局后来成了标准的设计：一个长方形围场，中央建造一座亭子。大勒浦克斯城（位于今利比亚沿岸）复制了这一罗马建筑原型，在此建造了一个四面由柱廊环绕的广场，中央是两座灰色石灰岩的圆形亭子，每座亭子都由八角形的柱廊环绕。在公元前 8 年市集落成时写的碑文把捐献者阿诺巴尔・塔帕皮乌斯・鲁富斯和当时在位的皇帝奥古斯都联系在了一起。

鲁富斯还出资建造了大勒浦克斯壮观的新露天剧场。剧场的座位区呈圆弧形，直径达 95 米，部分靠着一个自然的山坡，部分建在压实的泥土和碎石之上，还有部分建在石面的水泥穹隆之上。这是一项了不起的成就。鲁富斯在一些显眼位置刻写的铭文中夸耀了自己的慷慨大方，其中两篇铭文刻写在舞台出入口的上方，面对着观众。铭文以拉丁文和布匿文（当地语言）写成，前者强调他和广阔的罗马世界的联系，后者确保即使不懂拉丁文的人也能知

图 7 市集，大勒浦克斯

道他的慷慨，并赞扬阿诺巴尔·鲁富斯这个“家乡的装扮者、和谐的热爱者”。

在这个露天剧场里，地方精英能够展现他们自己。在随后的一个半世纪里，大勒浦克斯的富人们竞相争取超过鲁富斯。他们出资增添更为壮美的装饰，包括改进座位，用矮墙把市政议事会的座位和其他观众隔离开来，在观众席最后一排的中间增加一个小神龛，在舞台背后修建一面富丽堂皇的装饰性大理石遮蔽屏。这面遮蔽屏有三层楼高，上面饰有一百多个神明和皇族成员的雕像。

各地都在模仿这种慷慨和炫耀的方式。在半个地中海世界之外的阿帕梅亚（位于叙利亚西部），卢西乌斯·朱利乌斯·阿格里帕在公元 115 年的一次严重地震后宣布，

**图 8** 表示向阿诺巴尔·鲁富斯致敬的铭文，露天剧场，大勒浦克斯

他要为城市慷慨解囊。他负责修建了一座气派的浴池建筑和一个可用于举办音乐会和音乐或演说竞赛的大厅。在一篇长篇铭文中阿格里帕详细叙述了他的慷慨之举，列举了他在市政议事会担任过的各种官职以及其他善举：“他还修建了浴池和它前面连接主街道和邻近大厅的柱廊，并捐献了他花钱购买的所有土地”。接着他详细列举了为浴池定制的青铜雕塑，包括一组忒修斯和米诺牛的雕塑以及一组阿波罗和玛息阿的雕塑。玛息阿是森林之神，他轻率地向阿波罗挑战，要和他在音乐上一争高下，输了比赛后，他被活活鞭打致死。这第二组雕塑也可能是阿格里帕对那些在隔壁大厅中竞逐奖项、充满渴望的表演者温和而诙谐的评论。

阿格里帕的青铜雕塑提醒我们，他热心公益并不仅仅表现在捐助建筑上。他本人还提供资金，以便向市民派发谷物和昂贵的橄榄油。在以弗所（如同第二章所描绘的），卡约·维比乌斯·撒路塔里斯资助了一个盛大的游行式，以向阿耳忒弥斯和图拉真皇帝表示敬意。其他捐资人则力图推广其城市的文化活动。在公元 2 世纪 20 年代中期，卡约·尤利乌斯·德谟斯梯尼，土耳其西南部名不见经传的俄伊诺安达市的一位富裕公民，提出要出资创办一个四年一度的文化节，节日为期三周，包括诗歌朗诵、喜剧和悲剧表演、伴奏歌唱和演说比赛，并将以他的名字将该文化节命名为德谟斯梯尼亚节。记录德谟斯梯尼善举和德谟斯梯尼亚节安排的铭文小心谨慎地指出，这一计划得到了哈德良皇帝本人的批准和市政议事会的热情赞扬：

议事会表扬了德谟斯梯尼对家乡慷慨的善意和对荣誉的热爱，他无与伦比的高尚行为，以及他对有神明护佑的诸皇帝的忠心，并授予他诸般荣誉。议事会还通过法令，以各种方式装点节日，并且不折不扣地履行对于批准节日举行的皇帝的忠诚。

和夸耀的铭文相配的是理想化的形象刻画。城市名流的正式肖像充斥于每座城市的公共空间，使旁观者对其刚毅和充满社会优越感的安详神态留下深刻的印象。在阿尔及利亚的葵库尔，在市政议事会投票决定给科西尼乌斯兄弟立像、特别是表彰哥哥卢西乌斯的“慷慨大方”时，是弟弟卡约出资将雕像建在市场大门口的两侧。在叙利亚的阿帕梅亚，在新建浴池正面齐人高的部位固定着一系列结实的石头托座，上面安放着慷慨资助整个建筑群的卢西乌斯·尤利乌斯·阿格里帕的大理石雕像。这些俯视着所有行人的多个雕像，是由那些对这位显要人物的资助满怀感激之情的人们敬献的。他们高兴地公开称赞他为“缔造者、保护者和恩人”。

在整个帝国的城市中，名流们对令人羡慕的名誉的大肆炫耀被永久地刻凿在了石头上。那些乍看上去可能会让我们觉得是一种得意的自我满足，要是理解成显贵家族宣传自己优越地位的迫切需要可能会更恰当。这是一个善变的社会，个人的地位需要不断地得到确认。对几近倾囊而出的慷慨姿态的永久纪念确立了一个标准，对手和新来者都必须按照这样的标准来竞争。

对成功的庆祝在公共场所和私人场所都有所体现。在今突尼斯的斯米拉特保存了一幢乡村别墅的遗迹，里面一幅公元3世纪的精美镶嵌画使当时看见它的人不得不想到，他们自己在那个世界上处于什么地位。画中房子的主人马格里乌斯衣着华丽，正带头猎捕野兽。画面抓住了他慷慨资助的斗兽表演的瞬间，使所有来访者都能看到，这

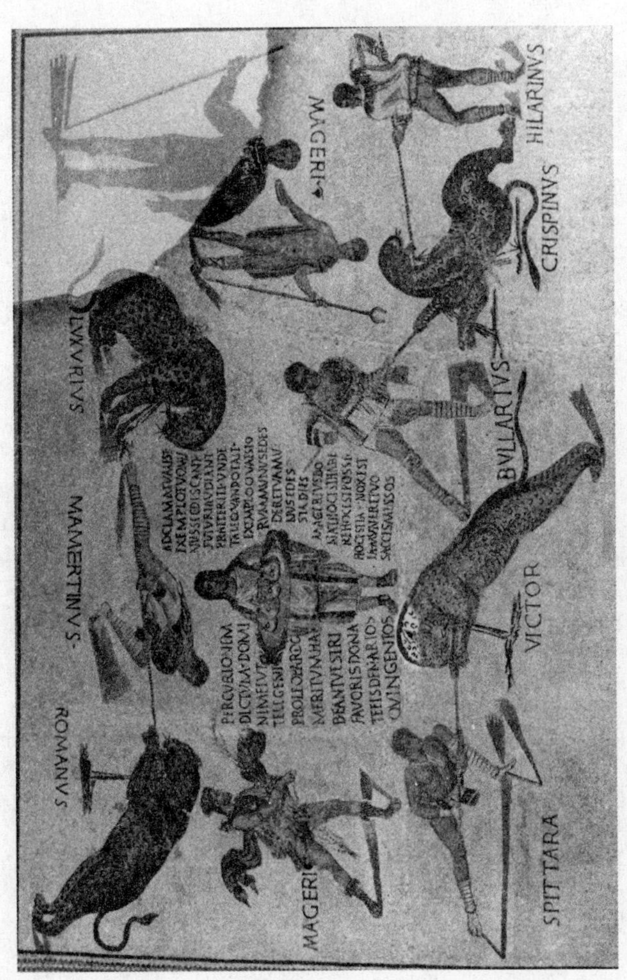


图 9 表示向马格里乌斯致敬的镶嵌画，出自他在斯米特拉的乡间别墅，现藏苏塞博物馆，突尼斯

一突出的展示就如同一张表现和国王或者总统会见的现代照片。名为马美提努斯、斯皮塔拉、布拉里乌斯和希拉里努斯的四名角斗士战胜了四头豹子，它们的名字分别为克里斯皮努斯、罗马努斯、恣意者和胜利者（但在这里显然名不副实）。在画面中央站着一名仆人，端着一个大银盘，上面放着四个鼓鼓囊囊的钱袋。镶嵌画中间的长篇铭文记录了观众的欢呼，证明马格里乌斯的同胞们认可他的慷慨大方是其财富和地位的象征。毋庸置疑，观众的欢呼给比他地位低的人留下了深刻的印象，同时使和他地位相当的人停下来反思他们自己和他们家庭对公共荣誉的追求。所有人都会感受到表示赞赏的观众富有节奏的呼喊声的力量，他们不断重复歌唱着他们赞助者的名字："马格里乌斯！马格里乌斯！"在马格里乌斯的乡间别墅里，纪念其成就的巨幅镶嵌画精心保存了这个广受公众赞美的珍贵时刻，以供特许的个人观赏。它试图让一个表示具有无可争议的社会优越性的瞬间永久流传下去。"富有即如此！权贵即如此！"

图 10 在哈德鲁梅图姆（今突尼斯的苏塞）一个住宅里描绘维吉尔和缪斯女神的镶嵌画，现藏于巴尔多博物馆，突尼斯

## 忠诚的限度

很难确定，地方精英阶层的行为是主要出于对罗马帝国发自内心深处的忠心，还是出于在帝国体制中对他们自己地位的实际提升的关心。在一个通过血腥征服建立起来的帝国中，公开反对或反叛会招致迅速而果断的镇压。如

果只说“赢得人心”、“忠诚”或是“热情”，而不谈这些东西必然会迅速转变为对实际利益更为赤裸裸的算计或更为急迫的追求，那是有问题的。一味宣称罗马“文明”带来的好处的说法同样也是值得怀疑的。在为从公元77年起担任不列颠总督的克内乌斯·尤利乌斯·阿格里科拉撰写的传记中，历史学家科尔内琉斯·塔西佗嘲讽了帝国的扩张。在这个遥远的行省，阿格里科拉力图推进城市化，建造罗马风格的房子和神庙，教导当地名流之子学习希腊语和拉丁语，鼓励穿罗马长袍而非粗人穿的裤子。塔西佗评论道：“至于不列颠人，他们没有经历过这些他们称之为文明的东西，虽然实际上这是他们受奴役的一部分。”

大体而言，绝大部分行省居民会反对如此刻板的分析。他们对帝国的感受要复杂得多，不是简单地在实行罗马统治方面充当机会主义的同谋和不可避免地受到征服力量的压迫之间进行非此即彼的选择。在公元3世纪早期，哈德鲁梅图姆（今突尼斯沿海的苏塞）的一个富有居民为他的房子定制了一系列精美的镶嵌画。其中一幅描绘诗人维吉尔端坐着，手持一摊开的书卷，可以看清的内容是《埃涅阿斯纪》开头的诗句。在维吉尔身后站立着墨尔波墨涅和卡利俄珀，她们是分别掌管悲剧和史诗的缪斯女神。卡利俄珀正在读一卷书，而墨尔波墨涅则手持悲剧面具，全神贯注地倾听着。诗人表现出沉思和严肃的神态，双脚踏着搁脚凳，端坐在椅子上。

我们如何理解这幅描绘罗马最伟大诗人的镶嵌画呢？可以把它看成是一个证据，表明非洲精英阶层完全吸收了罗马帝国意识形态的关键要素，但也有其他的可能性。在远离罗马城的北非——即被击败的迦太基所属的北非——人们可能对埃涅阿斯的故事有着不同的理解。在这里，也许不是所有人都赞同埃涅阿斯抛弃狄多，或是接受其神圣使命可以作为他行为的辩护理由。我们不应该简单地假定，哈德鲁梅图姆这位维吉尔镶嵌画的定制者毫不怀疑地支持罗马帝国的意识形态及其所宣称的“保障和平、推行法治、宽容被征服者、铲除傲慢者”。也许，当他在宴会之后向朋友吟诵《埃涅阿斯纪》的时候，我们可以想象这位富有的非洲人更为同情被击败的迦太基王后狄多，而非得胜的罗马人埃涅阿斯。

对于地中海世界享有地方权势的人来说，接受独特的罗马习俗的过程与其说是消极默认的过程，不如说是不可避免地——同时也通常是有利可图地——和统治力量进行调和的过程。这种调和可能也允许维持地方上的传统和情感，不一定把它们看成是公开反抗的表示。毫无疑问，维吉尔镶嵌画的定制者慷慨地支持了公共建筑计划，把哈德鲁梅图姆的市政广场装扮得更为壮观。和比提尼亚－本都的狄奥·克里索斯托姆一样，他可能也在市政议事会里担任过高级职位。他一定也想让同伴看到他熟读经典拉丁作品的样子。

如果对于帝国共同文化的这种热情和对迦太基曾经统治北非的承认同时并存的话，那么也不应该认为这种热情在减少或是在衰退。毕竟，罗马帝国的统治依赖于地方和帝国利益的结合，这既有利于统治者，也有利于被统治者。考虑到这一点，塔西佗对于文明和野蛮之间仅一步之遥的嘲讽敏锐地捕捉到了这一点。尽管带来明显的好处，但也可以合理地怀疑，如果没有武力支持的话，或者说如果不是把拥有或者宣传帝国文化看成是缓和帝国奴役这一严酷现实的有效手段的话，统一的帝国文化的确立是否会如此迅速或者成功。

尽管很少付诸行动，但罗马随时都有可能报复它觉察到的行省的反抗，这种威胁就像一片暴风云飘荡在帝国诸城的上空。无论精英分子多么娴熟地在当地维持其影响力，他们能享有特权地位恰恰是因为他们一直情愿充当罗马统治的代理人。在面临罗马报复时，地方的特权地位、甚至罗马公民权也不起多大作用。公元 1 世纪 60 年代，后来当上皇帝的加尔巴在西班牙担任总督期间下令把一名被判有罪的投毒者连同其他罪犯一起钉死在十字架上。这名罪犯对判决提出上诉，理由是他是罗马公民，加尔巴公开承认了他的优越地位，下令说，把处死他的十字架架得更高些，并漆成白色。

“你需要模仿演员”，希腊哲学家和散文家普鲁塔克（狄奥·克里索斯托姆的同时代人）这样劝告一个朋友和有抱负的地方政客：不要过度相信你自己的地位是稳固的。严格按照你的剧本表演，“不要超出当权者许可的节奏和韵律的自由度”。普鲁塔克劝告说，在担任城市官职时，明智的做法是回忆公元前 5 世纪伟大的雅典政治家伯里克利经常对自己重复的话：“伯里克利，小心点，你统治的是自由人，你统治的是希腊人，是雅典公民。”此外，你应该对自己说：“你是统治者，也是被统治者，你统治的城市受总督的管辖，他们是皇帝的代理人。”互利也是有限度的。当迫不得已时，地方精英——尽管他们十分珍视自治并艰难获得了罗马公民权——还是要听帝国号令。成功的城市领袖可能会同意普鲁塔克明智的评论：对你的地位“不要太骄傲和信任”，永远记住在处理你自己和你城市的事务时，把“罗马总督的靴子悬挂在你头上”。

# 第四章

# 历史的较量

## 基础与帝国

公元2世纪30年代，罗马皇帝哈德良入侵雅典。这是一场不流血的战争：皇帝对地中海东部这个文化都城的攻击，不是依靠精锐的罗马军团或是优良的军事供给，而是依靠建筑工人和细致的城市规划。哈德良一直夸耀自己对希腊文化的热爱。他是首位以游览者而非作战将军身份广泛巡游帝国行省的皇帝，他也是首位对地中海东部世界的古代历史和纪念建筑物产生持久和浓厚兴趣的皇帝。

在雅典，哈德良的新图书馆矗立在市中心，使古代市政广场上的其他建筑相形见绌。600年前（当罗马甚至还在奋力控制意大利中部的时候），雅典公民聚集在这里，处理一个民主国家的司法和行政事务。图书馆围成了一个四方院，四周被一个有 100 根柱子的巨大柱廊环绕着。柱廊的建筑材料是采自小亚细亚采石场的紫罗兰纹理的弗里吉亚大理石；图书馆内部装有闪闪发光的镀金天花板，并奢侈地饰以珍奇的画作和雕塑，还配以价值不菲的半透明的雪花石膏。这是最为华丽的皇家建筑。哈德良图书馆公开以巴罗克式的宏伟华丽为荣。矗立在希腊世界最著名城市中心的这座图书馆明白无误地昭示着罗马的财富和权力。

在雅典，哈德良还建成了罗马帝国所建造的最大神庙之一。奥林匹亚神庙——奥林匹亚宙斯的伟大神庙——开始建造于公元前 6 世纪（还在雅典成为完全的民主政体之前）。建筑工程时断时续，且耗资巨大，最近一位赞助者是早哈德良 1 个世纪的奥古斯都皇帝。在公元 131 年至 132 年巡游雅典时，哈德良亲自出席神庙的落成典礼，敬献了一尊由黄金和象牙镶成的巨大的宙斯雕像。尽管这个建筑群现在只剩残垣断壁，宙斯的巨大雕像也早已丢失，但是现代的参观者仍能明显感受到它的宏伟与壮观。在奥林匹亚神庙后面高耸的卫城上清晰可见的是帕提农神庙。这座献给雅典娜的近乎完美的神庙建成于公元前 5 世纪

30 年代——民主雅典当时正在最伟大的政治家伯里克利领导之下。帕提农神庙高耸于城市之上，它是雅典独立的永恒象征，让人们想起古代世界最出色的政治试验之一。

哈德良对雅典历史的帝国式挑战不仅仅体现在建筑上。奥林匹亚神庙的落成同时也标志着一个新的希腊城市组织的开端，即泛希腊联盟的成立。这个联盟涵盖了五个罗马行省，远远超出希腊本土的范围，包括了马其顿、色雷斯、小亚细亚、克里特、罗得岛和北非的众多城市。联盟由一名高级行政官员和一个代表委员会主持，后者由成员城市从其最优秀的公民中选举产生。哈德良所设想的是一个永久的国际联盟，不仅包含雅典、斯巴达、科林斯和阿戈斯等古城，而且还包括地中海东部那些能够证明和“古老希腊”具有密切联系的城市。

一些城市试图从神秘的历史中寻找证据来证明它们的希腊身份。在泛希腊联盟建立 3 年之后发布的一份官方公报中，哈德良亲自参与解决了昔兰尼（位于利比亚沿海的肥沃高地上）和托勒迈－巴卡（昔兰尼以西大约 90 公里处）之间的争论。昔兰尼的希腊身份毋庸置疑，它是在公元前 7 世纪后期由来自提拉（今锡拉岛）的希腊殖民者建

**图 11** 雅典的奥林匹亚神庙，背后是雅典卫城和帕提农神庙

立的。哈德良同时确认托勒迈－巴卡也应被接纳进泛希腊联盟，他用铿锵有力的语言说，这个城市的公民是“真正的希腊出身”。但是，哈德良指示该城市选派一名代表参加代表委员会，而昔兰尼则被允许选派两名。哈德良的裁决可能反映了古代历史：托勒迈－巴卡建于公元前 6 世纪中期，不是直接由希腊人建立，而是由昔兰尼的殖民者建立。皇帝裁定昔兰尼和希腊有更紧密的联系。这一裁定被刻成铭文，并被骄傲地展示出来，昔兰尼不再需要进一步提供证明其真实性的证据了。

其他城市也力图确保它们在这个只有少数城市才能共享的希腊历史中占有一席之地。公元1世纪早期的地理学家斯特拉博引证说，位于今土耳其西南部的克比拉不是希腊人建立的城市。过了一个世纪之后，为了顺利地加入泛希腊联盟，该市虚构了一种关于其起源的完全不同的说法，把它和斯巴达及雅典紧密联系起来。这个虚构的说法很有说服力。泛希腊联盟的成员急于串通起来，接受克比拉对自己身份的夸张虚构，说它是：

> 斯巴达人的殖民地，并且和雅典有联系，对罗马态度友好，在希腊的共同体（即泛希腊联盟）中属于亚洲行省里最出名、最伟大的城市，因为它的祖先是希腊人，它自古就和罗马人友善，也因为神明哈德良授予它伟大的特权。

哈德良的泛希腊联盟重塑了希腊世界。它把在过去从未联系在一起而且事实上经常相互敌对的城市融合进了一个单一的体制框架内。雅典被确定为泛希腊联盟的总部所在地。哈德良在这里设立了一个四年一度的宗教节日，称为泛希腊节。首届节日在公元137年举行。此外，他还创立了哈德良节（和皇帝崇拜相关的节日）以及奥林匹亚节（和奥林匹亚宙斯相关的节日）。这三个节日都安排了各自的“神圣竞赛”，各项体育和文化竞赛中的获胜者在他们的城市获得重要特权，包括标志他们胜利归来的游行、较大数额的免税以及公费就餐等。哈德良还给予了泛雅典娜节相同的地位，据说这个崇拜雅典娜的古老节日是由传说中雅典的建立者忒修斯创立的。忒修斯因在克里特杀死米诺牛，逃出迷宫而赢得了名声，他归来之后便开始统治雅典。

在一个城市中集中了四个神圣的节日，这在整个希腊历史上没有先例，这说明雅典在这个改编和修订过的希腊历史中的中心地位。对这座城市的大规模重建——它现在比其他任何城市都更具希腊特征——在刚刚完工的奥林匹亚宙斯神庙的落成典礼中得到庆祝。神庙入口两侧安放着四尊哈德良的雕像，两尊大理石的，两尊斑岩的（出自埃及的一种坚硬的深紫色石料，自法老时代起就和统治权联系在一起）。在神庙后面耸立着哈德良的一尊巨型雕像，这是雅典人敬献给他的。神庙里放满了奥林匹亚哈德良的青铜像，它们是希腊各地的城市敬献的。所有这一切传达的信息十分清楚。在雅典发掘出来的近100座祭坛上的铭文几乎完全一样，重复不断地赞扬哈德良是“救世主、缔造者和奥林匹欧斯”。现在占据着雅典象征和宗教中心的地方，就是被这位皇帝的雕像所包围的哈德良奥林匹亚神庙，而不是伯里克利修建的帕提农神庙。

其他希腊城市重复着哈德良推动的希腊复兴这一经久不衰的主题。我们知道，地中海东部共有21座城市庆祝过名为哈德良节的节日，15座城市采用了“哈德良”作为其附称,9座城市改称为“哈德良城”。在哈德良统治下，地方和帝国一起充满热情地创造了希腊世界前所未有的统一，实现了文化上的融合。公元2世纪，在希腊诸城兴起的对其共同遗产的关注帮助它们忘却了旧日的冲突。在600年前，雅典及其盟邦在伯罗奔尼撒战争结束时为斯巴达打败的事实应被抹去；同样，亚历山大大帝的父亲、马其顿的菲力浦在公元前4世纪征服雅典的事实也应从记忆中抹去。同时，破碎的历史也应被忘却。哈德良的善举确保了雅典成为伟大的新泛希腊世界无可争议的首都，这个泛希腊世界从小亚细亚一直延伸到北非。最终，一个罗马皇帝在希腊史上失败的地方取得了成功。

## 梦萦希腊

也许并不令人吃惊，并非所有人都欢迎罗马帝国对希腊历史的激进改写。在公元2世纪70年代后期，即哈德良去世二三十年后，出生于位于今土耳其西部的吕底亚的保萨尼阿斯终于完成了他的《希腊志》，这是将近20年广泛游历和详尽研究的结果。在《希腊志》中，保萨尼阿斯计划引领读者领略“全部的希腊风景”。一系列精心规划的路线始于雅典，然后横穿伯罗奔尼撒半岛和希腊南部大陆。保萨尼阿斯尤其感兴趣的是各种圣地，它们的历史及其纪念物。大体而言，他对自己游历过的几百个遗址的记载是详细和准确的，其可信度得到了现代考古发掘的反复验证。保萨尼阿斯对迈锡尼狮子门的记叙、有关阿伽门农及其他荷马史诗中的英雄墓葬位于“城墙以内”的判断，启发了海因里希·谢里曼在1876年发掘了上城。这是希腊境内最引人注目的考古发现之一。重要的不是谢里曼发现的漂亮黄金墓葬面罩以及贵重的随葬品是否真正属于特洛伊战争的胜利者，而是保萨尼阿斯可靠地记载了古老的墓葬传统，当他游历迈锡尼的残垣断壁时，这一墓葬传统已经有 1,700 年的历史了。

和任何优秀的导游一样，保萨尼阿斯并没有提供一个所有可以游览景点的清单，而是提供了他对所游历的领土的个人感悟，他的《希腊志》提供了一个关于“所有最值得提及的事情”的系统概述，“一个对最值得注意的事物的精选”，它们应该会吸引那些试图理解罗马统治之下的希腊的人。保萨尼阿斯注意到了哈德良在雅典的建筑计划，并赞扬他“对于各种臣民的安康作出了巨大贡献”，但他的注意力牢牢集中在古代遗迹上。在市政广场上，他流连在那些标志着城市建立、庆祝忒修斯英雄行为、以及纪念雅典在公元前 5 世纪抵抗波斯入侵中所起核心作用的建筑之间，但很少提及罗马征服希腊之后兴建的建筑，只是约略提及了哈德良的新图书馆。

保萨尼阿斯对奥林匹亚神庙进行了较详细的描述，不过只有不到三分之一的篇幅用于记叙不久前哈德良完成其建造一事。没有时间去赞叹和注视一位罗马皇帝的成就，重要的只是这些成就让人想起了传说中的希腊的过去。读者不是被引导去观看神庙高大的柱子，或是敬畏地凝视四周的哈德良青铜雕像，而是被巧妙地引去参观一个宽约 40 厘米的坑凹的边缘。在保萨尼阿斯看来，这是任何对“所有希腊事物”感兴趣的人应该看的。它把旅游者及读者引向希腊历史的起源。这是曾经吞噬了世界的大洪水及其幸存者丢卡利翁的纪念遗址。丢卡利翁的儿子希伦是希腊民族最早的祖先。据说奥林匹亚神庙附近的坑凹是洪水最终退却的聚水坑。比起宏伟的宙斯神庙和宣称以“救世主和缔造者”身份重新建立起泛希腊世界的罗马皇帝雕像，这里和“古老希腊”的联系更为密切。

保萨尼阿斯的雅典游记对哈德良作出了恰当的评价。

**图 12** 雅典卫城上罗马奥古斯都神庙的遗迹，位于帕提农神庙东面的前端

他拿哈德良对希腊文化的修复工作同留存下来的原始遗迹作对比，揭示出后者明显要优于前者。从市政广场走到雅典卫城，保萨尼阿斯只是顺带提及一尊哈德良的雕像被安置在帕提农神庙中。毫无疑问，这雕像只值得随便看上一眼，之后保萨尼阿斯花了长得多的篇幅描述公元前5世纪的雅典娜的巨型黄金象牙雕像，当时它仍耸立在神庙内部:“雅典娜的神像站立着，……她手持一个高达4肘尺（2米）的象征胜利的雕像，另一只手拿着一根长矛。一个盾牌放在她的脚下，一条蟒蛇盘绕在长矛旁。”对于逝去的古典时代的这种沉思也不应该被打断。因为在保萨尼阿斯游览卫城近两个世纪之前，在帕提农神庙的正前方建造了一座将近10米高的敬献给罗马和奥古斯都皇帝的圆形神庙，它阻挡了人们清楚观看帕提农神庙东面的视线。保萨尼阿斯的《希腊志》根本没有提及这个建筑。在这本“所有希腊事物”的导游手册中，这个罗马建筑明显破坏了古代景观，简直就应该被除去。

在雅典之外，保萨尼阿斯故意忽略了新近引入原初希腊世界的事物，这一点表现得更为明显。他很少描述公元前3世纪之后的建筑。在科林斯，城市的大部分都被悄悄地忽略了。公元前 146 年，这座城市被得胜的罗马军队摧毁，只是在 1 个世纪之后才由尤利乌斯·恺撒重建。值得提及的是关于科林斯国王、神明和英雄的古老故事。在这里，敬献给“闯入者”雅典娜的一个古老神庙纪念着柏勒罗丰。雅典娜第一个给帕加苏斯——柏勒罗丰的力大无穷的带翼战马——套上了笼头。在游览帕特莱（位于科林斯湾南部沿海的今帕特拉斯）时，保萨尼阿斯注意到，奥古斯都皇帝大规模地扩建了该城，彻底摧毁了周围的定居点，并将那里的居民迁往他处。对保萨尼阿斯这样细心的观察者来说，这一破坏的后果显露无遗，至今都令人痛心。在往内陆 15 公里处的腓莱（曾经是独立的城市，但后来为帕特莱所管辖），一片神圣的树林遭到了破坏：“这里既没有神庙，也没有神像，当地人告诉我说，神像被运到罗马去了。”

这明显是被征服的标志；这样的标志最好在游览被征服前更郁郁葱葱、更令人愉快的土地上迅速地忘记。对于同行的旅行者，保萨尼阿斯通过想象中的希腊给了大家一次愉快的旅行经历。和哈德良的泛希腊联盟一样，保萨尼阿斯的希腊比起原初的希腊更具希腊性，他的希腊是对于过去从未存在过的东西的一种怀旧式的渴望，是对于历史应该怎样的一种想象：一个以雅典为中心的团结起来的希腊。（那些在公元前5世纪末和斯巴达结盟并打败雅典的城邦被斥为“谋杀者和希腊事实上的毁灭者”。）尤其是，保萨尼阿斯的《希腊志》描绘了一系列彼此关联的古城旧地，通过一个知识渊博的能够发现“所有希腊事物”的向导，好奇的旅行者能够很好地理解这些古地各自的特色。和哈德良的泛希腊联盟不同，这个理想化希腊的整体性和完整性不是通过罗马皇帝的命令来划定的，而是深深植根于对于其自身起源、宗教和神话的原初感觉。

## 比较历史

如果说保萨尼阿斯试图删去外族征服对神奇的古典景观明显的影响，历史学家、哲学家普鲁塔克——同样是回应新的帝国力量对于古老世界的入侵——却试图调和、比较希腊人和罗马人的风俗和历史。在公元2世纪初的20年里（跨越图拉真和哈德良在位的时间），普鲁塔克完成了希腊罗马名人的46篇传记，并把它们成对并列起来。

例如，亚历山大大帝和尤利乌斯·恺撒的传记并列在一起，杰出的雅典政治家伯里克利和“拖延者”费边·马克西姆斯的传记并列在一起，后者在第二次布匿战争中迫使汉尼拔撤离意大利；还有，忒修斯（雅典的建立者）和罗慕路斯（罗马的建立者）并列在一起。

这些《比较传记》的主要目的是通过描述一系列的历史事件，鼓励读者思考其中所涉及的道德问题。普鲁塔克集中关注政治家和军事将领的传记，是因为他坚信他们的性格在其行动中表现得最为清楚。作为一个整体，这些成对的传记吸引读者思考特定的问题：如何控制激烈的情绪（愤怒、欲望和野心），如何评价成长和教育的影响，如何体现人性、宽容和怜悯。希腊人和罗马人都提供了正面的和反面的例子。伯里克利和费边是英明政治家的榜样，他们在面临战争危险的时候，冷静地面对不满的群众。亚历山大大帝和尤利乌斯·恺撒的例子促使读者讨论个人野心的利弊。他们的比较传记揭示，对权力和荣誉的欲望能激发伟大的行为，但也能够导致灾难。

普鲁塔克的出发点在于表现一系列道德争论，以教化读者，因此对于材料的选择和安排就特别重要。他的用心最为明显地体现在每组传记结尾的正式比较之中。在《罗慕路斯传》中，普鲁塔克质疑古人对于这位罗马建立者的批评：据说在如何选择新城市地点发生激烈争论时，罗慕路斯杀死了他的孪生兄弟雷慕斯。但是罗慕路斯“非理性的愤怒、其武断而不假思索的恼怒”不可忽视。在普鲁塔克看来，是罗慕路斯不加控制的行为促使他的一个同伴当场杀死了雷慕斯。和这个事件相似的是希腊一件著名的家庭纠纷案。此案起因是忒修斯之妻菲德拉对继子希波吕托斯的指控。她宣称希波吕托斯想要强暴她。忒修斯毫不怀疑妻子的话，粗暴对待并且诅咒自己的儿子，拒绝相信他说自己是无辜的辩解。（实际上，是菲德拉引诱希波吕托斯，在遭到拒绝之后试图报复。）普鲁塔克认为，尽管忒修斯同样犯有“非理性的愤怒”的过错，但他是“被爱、嫉妒和女人的恶言中伤所害，很少男人能不受这些情感和语言的影响。”最为重要的是（至少普鲁塔克相信的说法如此），忒修斯无法克制的愤怒仅仅导致了出言不公，而罗慕路斯的愤怒则引发了他朋友的杀戮行为。普鲁塔克得出结论说：“出于以上原因，我们应该投忒修斯一票，”即是说，他更喜欢雅典的建立者，而不是罗马的建立者。

在进行如此困难的评判时，普鲁塔克严格遵守了传统的希腊伦理观念。其中一个关键的文本是柏拉图的《理想国》，该书描绘了这位伟大雅典哲学家建立理想社会的蓝图。柏拉图最为关心的事情之一就是自制力。他认为，对于实干家而言，为了能激发战争中的勇气，一定程度的愤怒是必要的。但是对于道德高尚的人来说，必须永远用镇静克制愤怒。说到底，尽管忒修斯离这样的要求还有一定距离，但他比罗慕路斯更好地控制了狂怒的后果。控制情绪是教育的主要目标之一。普鲁塔克称赞罗慕路斯的继承者、传说早期罗马七位君王中的第二位努马，坚信他制定公正法律的能力源于其严格的自律："他的修养是教育、坚韧不拔和哲学教育的结果，……相信真正的勇气在于通过理性克制自己的激情"。

如此看来，普鲁塔克写作的核心即是：刻画一系列成对的希腊和罗马人物形象，然后明确用希腊的伦理规范来评判他们。在某个层面上，《比较传记》认为希腊和罗马的政治军事人物具有可比性。将两边的人物并列，把征服者和被征服者放在同等地位上来加以描述。当然历史书写也是最好和最有效地表达这一点的方式。（普鲁塔克最晚的传记是《尤利乌斯·恺撒传》和《马可·安东尼传》。再晚就是要面对奥古斯都了，但能用哪个希腊人和他并列呢？）最为重要的是，普鲁塔克认为，希腊人和罗马人都能用一套单一的标准来评价，而这套标准是公开的和明确的希腊标准。也许并不令人吃惊的是，在总共 23 对人物传记中，有 20 对是从希腊人的传记开始写起的。就是说，在《比较传记》中，是希腊的人物确定了撰写罗马人物的标准，是通过希腊的道德标准和哲学来评价个人的优缺点。总体说来，这些传记提出了一个激进而引入注目的主张，即罗马的历史最好是从希腊的视角来理解。这样便产生了一个有意思的悖论：在普鲁塔克看来，杰出的罗马人事实上是将传统希腊美德付诸行动的好榜样。

## 帝国历史书写的反击

当然，把普鲁塔克和保萨尼阿斯看成是罗马统治的积极反对者就太过简单化了。他们不会支持布狄卡和她领导的不列颠起义，也不会和马萨达的最后一批犹太战士一道自杀就义。他们的著作没有煽动起叛乱，他们自己没有激励人们进行武装反抗，也没有皇帝想要镇压他们。事实上，普鲁塔克（和地中海世界许多拥有土地的精英一样）是帝国的受益者。他继承了在希腊中部的比奥蒂亚田庄，在当地的喀罗尼亚城担任高级市政官员，享有罗马公民身份带来的特权，并能和一些富有而有权势的罗马人保持着朋友关系。普鲁塔克和保萨尼阿斯二人著作的有趣之处不在公开鼓励抵制罗马统治，而是这两位作者明确意识到，帝国的扩张不仅在很大程度上导致了对政治、经济和社会的破坏，而且由此也对过去的历史产生了重要的影响。的确，除了进行有效的行政管理、征税、维持法律和秩序外，统治阶级力量的标志之一（在血腥征服、重建和平和恢复繁荣很久之后）是为了自己的目的而有选择性地改造其臣服民族历史的能力。

公元 2 世纪早期，哈德良掀起了一场历史的革命。凡是与慷慨的皇帝以及合作的城市精英阶层形象不合的历史都被删去。哈德良在耶路撒冷的建筑工程完全无视该城的犹太传统。公元 130 年，在巡视犹地亚时，他在耶路撒冷建立了一个安置老兵的聚居地，称之为埃利亚·卡皮托利那聚居地（埃利乌斯是哈德良皇帝的姓）。有人认为这一消灭耶路撒冷的决定是导致公元132—135年犹太起义的原因之一。关于这次起义，我们知之甚少。在一段时间里，起义者在极具个人魅力的西蒙·本·科西巴（或称巴尔·库克巴）的领导下，成功地发动了一场游击战。他们铸造自己的钱币，并宣布要重建圣殿。但是起义最终没有成功。哈德良本人亲自指挥的一支罗马大军镇压了起义，并进行了残酷的报复。一份记载说，50座城市和985个村庄被摧毁，50多万起义者被屠杀。

罗马人获胜后，在耶路撒冷的建筑工程继续进行。新建市政广场（位于许久以后建造的圣墓教堂区域）的主要建筑是朱庇特神庙。在罗马军团于公元70年洗劫该城（罗马提图斯凯旋门上的浮雕庆祝的就是这一胜利）之后的60年里，圣殿山遭到废弃。现在它上面树立起了两尊雕像：一尊是朱庇特像，一尊是骑马的哈德良像。令人吃惊的是，罗马人严禁犹太人定居在该城及其领土上。经过重建和重新命名之后的耶路撒冷，把那些视它为至圣之地的人们拒之门外。他们被当作了永久的外来者。而彻底重建之后的埃利亚·卡皮托利那拥有一系列令人惊叹的新建筑，现在完全成了哈德良的罗马帝国的一部分。它反叛的历史——就像犹太人自己一样——完全被清除了。

哈德良对希腊历史的态度则要温和得多。即使如此，把他看成是个对所有希腊事物热情而盲目的提倡者，则未免太过轻率。他对于雅典（以及对于地中海世界其他200多个城市）的惊人捐赠及其对于希腊历史和文学的喜好，并不仅仅表现出他对希腊的深切热爱。在帝国的城市里，哈德良资助的建筑工程以纪念碑的方式系统地表述了对历史的一种特定理解方式。接着通过和皇帝本人的明确关联，这种历史和罗马帝国的现在融为一体。人们以一种宏大的规模，尤其是在最宏伟的雅典奥林匹亚神庙，将哈德良皇帝和传统的神明并列在了一起，他有理由宣称他复兴了对这些神明的崇拜。在斯米尔那，即位于今天土耳其爱琴海岸的伊兹密尔，一座新建的巨大神庙把哈德良和阿克拉依俄斯宙斯（“居于高处的”宙斯）紧密联系起来。在位于马尔马拉海南岸的库兹科斯，哈德良本人的塑像从另一座巨型宙斯神庙的三角墙上俯看着世间万物。在位于今天叙利亚东部的巴尔米拉，哈德良皇帝和古老的巴阿尔沙明神和都拉赫隆神联系在了一起，现在他们在一个新建的宏伟神庙里受到崇拜。

公民的热情和私人的财富造就了这些工程。它们使得地方显贵能够把他们自己和皇帝联系起来，并宣称他们在世界上的重要性。在斯米尔那，一篇赞颂美化该城的铭文列举了 25 位重要公民和哈德良本人的捐赠。这种看似矛盾的情形无法回避：它直接体现了征服在人们日常生活中产生的影响。臣属于一个帝国的现实就包含了这些内容。在公元 2 世纪早期的以弗所，卡约·维比乌斯·撒路塔里斯资助的每两周一次的银像游行，把罗马皇帝和有关当地英雄、建城者和神明的历史联系在了一起。正如在第二章和第三章所探讨的，这种皇帝和城市的紧密联系至关重要；但这种联系也涉及了对于罗马至高无上地位的颂扬。在阿弗罗狄西亚，引人注目的裸体皇帝像使罗马的权力能够按照一种悠久的希腊传统展示出来，但同时也把帝国的统治者和奥林匹斯诸神放在了同等地位。哈德良建立的泛希腊联盟成员需要证明自己是古老希腊祖先的后裔（这点可能对于普鲁塔克和保萨尼阿斯都很有吸引力）；但这也意味着他们勾结罗马皇帝重现希腊世界原有的样子。

普鲁塔克和保萨尼阿斯反对的正是这种看似没有诉诸武力的罗马入侵。针对于此，他们提供了一个不同版本的希腊历史，一个同样精心改造的版本。同样，他们的反对和质疑也是有一定限度的。保萨尼阿斯的希腊（希腊大陆南部、阿提卡和伯罗奔尼撒半岛）完全包含在罗马的亚该亚行省之内，他的行程完全按照罗马地理著作所勾勒的路线前行（对此任何生活在公元前 5 世纪的希腊人都不能理解），这等于是默认了其《希腊志》所试图唤起的“古老希腊”直到罗马统治之时才得以统一。与此相似，普鲁塔克的《比较传记》这一历史著作也暗示，这位传记作家和哲学家承认，罗马帝国兴起乃至稳固地统治世界才是最需要解释的事情。

在公元 1 至 2 世纪，罗马政权的压迫性是不可避免的：无论是就当时还是就过去而言都是如此。总体而言，被征服者的反应从来不是简单地勾结或是反对征服者，就像普鲁塔克和保萨尼阿斯的例子所说明的那样。（最终只是那些从未被征服的人才能够轻松地这么想）。即便如此，我们也不能因为缺乏公开反对罗马的史料——除了犹太人反抗这个显著的例外——而误认为哈德良的建筑运动没有体现尖锐的矛盾。对罗马皇帝来说，历史是可以盗用的，可以把它重新加以改造，以便抹去征服的创伤，强调

图 13 雅典的哈德良凯旋门，背后是奥林匹亚神庙

统治者和被统治者之间的亲密关系。对一些希腊知识分子来说——试图躲在象牙塔里寻找舒服的避难所无疑是危险的——历史是唯一剩下来可以用来表达对解放的幻想或至少记住有解放的希望的地方。在保萨尼阿斯的希腊世界

里，没有罗马式建筑；在普鲁塔克的传记中，希腊的伦理和哲学提供了对事件最好的解释和正直生活的最好榜样。

历史不可避免地成为帝国统治的受害者。在雅典这座哈德良留下印记最多的城市里，一座典雅的凯旋门建在奥林匹亚神庙附近，用于纪念哈德良皇帝对雅典的慷慨捐助。在它的西面，一篇铭文宣称："这是雅典，从前是忒修斯的城市。"对于那些不明其意的人，它对面的一个口号再次申明了一点："这是哈德良的城市，不是忒修斯的。"如同哈德良的其他许多建筑一样，这座凯旋门及其铭文可以理解成是对希腊历史满怀热情的肯定。我们看到，在伯里克利的城市里面，在泛希腊联盟的总部所在地，一位罗马皇帝巧妙地展示他的个人经历，并把自己和这座城市的最初建立者并列在一起。或者，我们可以把哈德良宣称自己的功绩能和忒修斯最初建城的成就相提并论的说法理解成是帝国对希腊的过去和现在都享有统治权的公开宣言。

当然，两种解释都是可能的，两种解读也都是正确的。最终起作用的恰恰是这种不确定性。这种刻意为之的模糊性使地方精英可以用不违传统习俗的方式向罗马皇帝欢呼致敬，同时欣赏像普鲁塔克和保萨尼阿斯这样说希腊语的思想家复杂的历史书写。像哈德良这样的统治者会在自己的纪念建筑上大肆宣扬其优越地位并不令人吃惊。同样，我们也可以预见到保萨尼阿斯会在精心设计的雅典游记中，对敬奉罗马皇帝的拱门——位于希腊世界的中心——完全视而不见。

第五章

# 让基督徒喂狮子去

## 沙地上的鲜血

公元 177 年，在卢格杜鲁姆（今法国南部的里昂），正值午休的时候，圆形角斗场里正在上演一出有关基督徒的“好戏”。这些基督教的同伴后来记述了自己所目睹的一切。首先，马图鲁斯和桑克图斯被带进角斗场，受到各种折磨：他们被夹道鞭打，被野兽攻击，忍受了狂热的人群所要求的各种刑法。之后是阿塔鲁斯和亚历山大，他们也受尽折磨，最后被绑在一把烧红的铁椅上，皮肉都被烧焦。在节日的最后一天，女奴布朗蒂娜被带进角斗场。在遭到鞭打、狮子攻击、火刑之后，她被扔进网里，让公牛攻击。“在被公牛摔了几下之后，她不再有痛苦的感觉，这是因为她有希望、坚定的信仰并且和基督有交流。”

对于公元2世纪的里昂居民来说，看基督徒受折磨是外出休闲的一部分，是娱乐活动的一部分，是表演的一部分。人群像狮子一样吼叫。但同样需要强调的是，在这件事里（以及在许多其他有关暴力和残忍的故事里）热烈欢呼的旁观者并非是一群由当地乡巴佬和游手好闲者组成的乌合之众。他们不是一群歇斯底里的暴民，而是实实在在的良民。对他们而言，看公开组织的暴力活动是严肃而引人入胜的消遣。人们希望被社会遗弃的人（土匪、劫匪、罪犯、逃跑的奴隶）悲惨地死去，以供体面守法的人们享乐。与此相似，人们也希望职业的斗士（角斗士、野兽猎杀者）进行表演。一些观众对自己喜爱的斗士的技巧、训练和经历了如指掌。对于另一些人而言，这些浑身都是打斗伤疤的壮硕粗人则是其性幻想的对象。

所有去观看角斗比赛的人都全身心地投入其中。在罗马，据说克劳狄皇帝对被杀者临死时的痛苦表情极其着迷，以至于他下令把他们的脸扭过来面向他。实际上，根据帝王传记作家苏埃托尼乌斯的记叙，克劳狄（他本人身有残疾）对于角斗的暴力如此热衷，以至于他会在拂晓前就赶到竞技场，在下午人群中的绝大多数有钱人都回家午休后，仍不肯离去。

观看角斗比赛是罗马人的一个习惯。在角斗场里，走到座位上要经过一连串复杂的昏暗过道、斜坡和陡直的台阶。就像19世纪最好的歌剧院一样，这些尽可能确保了拥有最好座位的人能够通过专用通道到达观众席。当观众眨着眼睛从黑暗中走出来时，他看到的是自己所属的这个微观社会，在阳光照耀下格外显眼；人人都穿着节日的盛装，按照精心排定的年龄、地位、财富和职业等级就座。奥古斯都皇帝曾经下令，按照帝国的社会等级秩序安排角斗场的座位。在行省城市里，市政议事会的成员占据了最好的座位，然后是男性公民，已婚者和单身汉分席而坐；职业团体占据指定的座位，具有公民权的少年拥有专门的区域。

毋庸置疑，实际上这一严格的等级划分并不是那么绝对（例如，达官贵人们可能邀请朋友和他们坐在一起），但其大致的目的是明确的：城市贫民可能会喧闹不堪，因此他们中只有少部分人能到场观看。在罗马的大竞技场里，5万个座位中的60%是留给富有公民的，只有后排20%的座位留给城市贫民、非公民和奴隶。其余在层层座

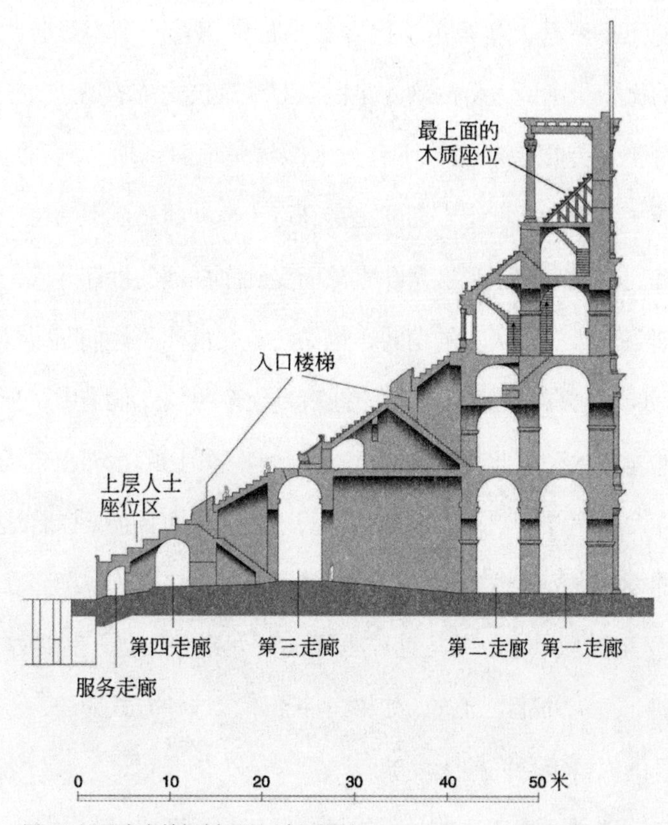


图 14 罗马大竞技场剖面图（复原图）

位顶端的空间，是几排隐蔽的座位（从地面入口上来要爬220级台阶），这是分配给妇女的。圆形角斗场严格的几何形建筑结构，极为方便地把人群分成明显可辨的社会等级。人们在乎坐在哪里，以及被他人看见坐在哪里。

在罗马，观看角斗比赛的皇帝主宰着一个等级分明的微型帝国。人群的欢呼是民众对现政权支持的见证。皇帝坐在专用包厢里，所有人都能清楚地看到他。尤利乌斯·恺撒和2世纪末期的皇帝马可·奥勒利乌斯因为忙于批复奏章忘记了观赏角斗表演而受到了强烈的批评。人们期望皇帝关心场上的角斗，也关注观众群体。他们随时都可能要求得到皇帝的恩赐，或者是大声叫喊："他击中了！他赢了！"以此欢呼致命一击或是身受重伤的角斗士当场毙命。角斗士不仅要被训练得善于角斗，而且还要以合适的方式去死。他应该是挺胸，身子右倾，头下垂，蹲坐在武器之上。这是罗马世界垂死的天鹅形象，是一种冷酷的、正式的死亡方式。如果角斗士不以这种方式死去，不满的人群就会向他大发嘘声。

这种对生死攸关时刻的精心呈现是公开盛大演出的一部分，仅其组织本身就足以令人钦佩。对皇帝们而言，资助这些壮观的表演可以向所有人表明，他们在财富和地位上都处于社会的顶峰。在赞许的人群面前，鲜血的任意流淌和大把挥撒金钱均对他们有利。公元前65年，在恺撒为自己父亲葬礼举办的角斗比赛中，角斗士使用的是银质铠甲。在其他场合，铠甲上可能镶有珠宝，或是装饰孔雀或鸵鸟羽毛。公元 80 年，罗马大竞技场落成时举行了 100 天的竞技比赛，包括角斗士决斗、对 9,000 头野兽的屠杀。提图斯皇帝还款待观众。他向人群中抛掷小木球，每个小木球上都标有可以换取的奖品，包括食物、衣服、（对于少数幸运者）马匹、银器或是奴隶。

在角斗士决斗中投入惊人的时间、金钱和感情凸显了它在展示罗马统治地位方面的重要性。观众的欢呼和有节奏的歌唱既表明了他们的团结，又表明他们作为一个集体和那些在他们眼前被屠杀的人之间的距离。通过决定一个被击败的角斗士的命运，观众断言，他们对人类有着绝对的控制。关乎生死的角斗活动是由社会安排的有节制的混乱瞬间，其目的在于强调社会自身的安定。从这个意义上说，角斗场、受到严密控制的人群以及角斗场内各种残忍的活动都体现了维护帝国统一的暴力和秩序。这些血腥的场景表明，暴力是一个有序社会不可回避的一部分，正如战争曾经是建立帝国的必要部分一样。

同样重要的是，无论暴力和秩序能够被多么成功地浓缩在一个场地的表演中，它们从来都不能被完全区分开来的。把竞技场地和观众隔离开来的坚实木栅栏标志着一种分隔，但这种分隔可以被跨越、被混淆、被推翻或是被模糊。公元 192 年，元老院议员、历史学家卡修斯・狄奥观看了康茂德皇帝举行的角斗比赛，皇帝本人不仅主持了比赛，而且作为角斗士亲自上场决斗：

竞技会持续了 14 天。当皇帝陛下参加决斗时，吾等元老院议员总是出席观看……皇帝陛下对吾等元老做的一件事使我们有充分的理由相信我们的厄运即将来临。他杀死一只鸵鸟后，砍下它的头，径直来到我们坐的地方，左手提着鸵鸟头，右手挥舞着血淋淋的宝剑。他没有说话，但一边咧着嘴笑，一边摇着头，好像是说，他会用同样的方式对付我们。许多嘲笑他的人会当场被宝剑砍死（我们不是担忧得不得了，而是笑得合不拢嘴），而如果我不是从花冠上摘下片桂树叶放在口里嚼的话，也会被砍死。我还劝说坐在旁边的其他人也嚼他们的桂树叶，这样通过下颌有规律的咀嚼运动，我们可以掩饰脸上嘲笑的表情。

根据卡修斯・狄奥亲眼所见，康茂德皇帝疯狂地咧着嘴笑，手里挥舞着砍下的鸵鸟头，但很显然，他站在了敌对的一面，这非常危险。狄奥后来把这描述成一个作为娱乐的滑稽场面，但当时更可能是满心的恐惧和苦笑。一个皇帝向你挥舞砍下的头其实并不好笑，除非他已经死了。狄奥和他的元老院同僚肯定吓得半死。他们的恐惧并非没有道理。在竞技场上，罗马的皇帝们不仅强调他们作为社会准则维护者的重要性，而且通过证明他们能够不受任何惩罚地违反社会规则来强化他们的专制地位。

皇帝们位尊权重（而且公开如此）。和秩序井然地坐成一排排的观众不同，也和那些正因为是外来者而在角斗中被杀的人不同，皇帝们可以为所欲为。他们能够肆意地跨越暴力和秩序的界限。对于卡修斯·狄奥和他的同僚来说，一个皇帝充当角斗士的情景之所以令人恐怖，正是因为它暴露了他们作为元老院议员的弱点，也凸显了规范对于维护他们地位的重要性。和皇帝不同，元老院议员没有活动的社会空间。康茂德对于专制权力的强有力展示，威胁到了狄奥所代表的一切以及他为保障自己等级和位置所依赖的一切。在事后有可能嘲笑，但是在当场能笑得出来的唯有皇帝本人。毫无疑问，他看到一排排迟钝的元老院议员偷偷摸摸地咀嚼他们桂树枝编织而成的花冠，还希望没有被人发现，一定觉得好笑。

一个社会在闲暇时间的所作所为，是它试图如何组织和管理自身世界的重要体现。人满为患的角斗场专为演出而建，它是颂扬秩序和暴力的地方，是公开展示罗马社会和帝国权力的地方，是一个军事化社会的成员在城市中不断发动战争——有时候是在他们内部——的地方，即使在和平时期也是如此。就像中世纪北欧的大教堂一样，角斗场是罗马帝国城市风景中最引人注目的地方。它和军队、税收、法律以及行政一道，在帝国被征服的行省里施加了一种明确可辨的秩序。在一座封闭的角斗场范围内，人们能够毫不费力地重演、大声地欢呼征服的残忍过程（只是在这个时候）。血腥的场景使得整个帝国受到严格控制的老百姓能够不离开他们城市的舒适环境参与战争。重要的是，在角斗场里，观众总是胜利者。

## 殉教者的队伍

正是在这个罗马社会试图表演生与死、暴力与秩序、社会及其敌人的危险之地，许多基督徒心甘情愿地从容赴死。殉教并不是基督教的发明，在犹太教里就已有先例。但是基督教的殉教与众不同，殉教者都刻意寻求在无信仰而且怀有敌意的人群面前殉教。其可怕的过程发生在罗马帝国城市中一个最重要的公共场所里，并且和暴力与秩序的复杂混合体结合在一起，而这暴力与秩序的复杂混合体标志着罗马角斗场上的角斗经历。

毫无疑问，殉教是极其血腥的场面。公元 177 年，在里昂欢呼基督徒被处死的人群目睹了其中一人在刑架上被肢解，一人被烧死在铁椅上，第三人被公牛挑死，其余的人则被扔给饥饿的狮子，被它们撕咬吞食。在秩序井然、成排端坐的角斗场里，在衣着讲究的人群的众目睽睽之下，将基督徒扔给狮子，以一种戏剧性的方式展现了罗马多数人对于一个少数派别所具有的权力。然而，也没有必要大惊小怪。在集中了地中海各地的野兽和歹徒并将其屠杀以飨观众的表演中间，把几个基督徒扔给狮子不会引起太大的骚动。他们只是被展示、嘲弄和屠戮的另外一群不受欢迎的人。

但对于基督徒而言，殉教者遭受的折磨和死亡并不意味着败在一个敌对无情的社会手下而打击了教众的士气。殉教是一种胜利，是在罗马社会选择展示自己、证明其优越性的同样地方进行公开反抗的戏剧性行为。对帝国城市中的基督徒而言，殉教成为肯定其信仰的象征，是他们公然蔑视罗马秩序的明证。公开承认信仰基督教以及以令人难忘的方式公开被处死，正是殉教者所说的成功的抗议行为，它对信仰者产生号召力起着重要作用。其他的死亡方式不能使这种看似非理性的自我牺牲愿望神圣化。

和反复无常的皇帝一样，基督徒刻意寻求打破精心建构起来的处于角斗竞技核心的秩序和暴力之间的平衡。皇帝们以此显示，他们大权在握，高高在上，不受世人的烦忧和规范的束缚；基督徒则以此宣布，他们只关心来世。在公元 2 世纪早期，叙利亚安条克的主教依纳爵在殉教时毫不妥协地宣称：

在从叙利亚到罗马的一路上，我都在和路上及海上的野兽搏斗，不分昼夜……让我承受大火和十字架、群兽的攻击、撕裂、肢解、骨折、断肢和整个身体的碎裂吧……因为我是上帝的小麦，野兽的牙齿把我咬碎，好让我成为基督的白面包。

尤其重要的是殉教的颠覆性力量。人们在教堂里宣讲殉教者遭受苦难的血腥故事，这些对于基督徒死亡的生动而详细的描述，使得他们的胜利在每一次宣讲中都得到了重复。公元 2 世纪 50 年代中期，斯米尔那（今伊兹密尔）主教波吕卡普在火刑柱上被烧死。根据那些宣称目睹了此事的基督徒的描述：

火焰形成了穹隆的形状，就像一艘船的风帆在风中张满一样，它像一堵墙围绕着殉教者的身体。在火焰中，他不是燃烧的肉体，而是烘烤的面包，像是金银在熔炉中精炼。我们闻到了一阵浓香，仿佛是熏香或是昂贵的香水。

基督徒的殉教颠覆了罗马世界。在基督徒眼中，殉教者伤残的身体看起来很美。在基督徒闻起来，烧焦的肉体散发出让人难以抗拒的芬芳。美化是宣福的必要前奏，而且重要的是，基督徒的殉教行为总是取得胜利。

## 罗马的应对

大体而言，罗马人认为基督徒是个可笑的、也可轻易牺牲掉的群体。在公元2世纪初，即“里昂殉教者”从容赴死25年后，有人在罗马市中心帕拉丁山丘上帝国宫廷一座建筑的墙上刻了一幅图画，表现的是一个长着驴头的人被钉死在十字架上。在十字架旁，一个旁观者举起手臂作祈祷状，十字架下方字迹潦草的铭文（希腊文）写道：“亚历山大崇拜他的上帝。”显然这既非对基督教老练的批评，亦非对其尖锐的指责。但它所表达的观点(尽管粗糙）却很明确：基督徒可笑，亚历山大是个笨蛋，他崇拜的神是一头钉死在十字架上的驴子。

米努丘斯·菲力克斯，一个在3世纪早期进行写作的律师和基督教皈依者，以同样的风格虚构了一名基督徒和一名异教徒之间的对话，其中包括他宣称的基督徒经常受到的一些诽谤：

他们通过秘密符号和标记互相辨认。……我听说他们圣化、遵从某种荒谬无知的信仰，崇拜驴头，这是所有动物中

图 15 帕拉丁山丘上男侍培训厅里的反基督教图画，该建筑是皇宫的一部分，罗马

最低级的。……新来者入教的故事广为人知，也令人恶心。将要参加神圣仪式的人身旁放着一个用面团包裹的婴儿，以欺骗没有疑心的人们。新入教的人被煽动击打面团表面，看

似无害，却以无形和隐秘的伤害杀死了婴儿。他们贪婪地舔食婴儿的鲜血，急切地撕碎他的四肢，这是邪恶的暴行。

无论把这看成是对早期基督教的描述，还是看成是普通罗马人对基督教的真实看法，我们都不应该太过认真。（不过吃人的指控也许并不应该太令人吃惊。如果一个宗教的核心仪式涉及象征性地餐食其创立者的血肉，那么它很可能受到这样的攻击。）这段话所述事实的准确与否并不重要，重要的是，它纯粹是诽谤。在这里诽谤分出了敌我，并强化了群体的团结性——正如它通常所起的作用。这是小学生即已学会的经验。在听到诽谤的时候，我们通常更多地了解到那些诽谤者，而不是诽谤的对象。对一些罗马人来说，攻击基督徒从事古怪的、非人性的和反社会的活动，也是界定他们那个社会可以接受什么的一种方式。绘声绘色地抨击基督徒有助于建立明确的罗马特性。

对许多人来说，最令人迷惑的是基督教殉教者坚拒参与罗马社会，不愿分享帝国带来的益处，也无意向皇帝表示应有的尊敬。殉教者由宗教激发起来的对死亡的狂热也着实令人难以理解。受到严格控制的游行和节日对秩序井然的公民社会至关重要。与此相反，殉教作为公开表达信仰的一种方式，肯定让当时的人觉得具有神秘色彩，但却没有什么吸引力。即便如此，总体上说，罗马官方并不急于搜寻基督徒和迫害他们。在公元 2 世纪初，小普林尼在担任比提尼亚－本都行省的总督期间，就面临着这样的困境。他怀疑基督徒们举行的秘密集会和共餐有其邪恶的目的，并开始调查，还相应地处死了几名拒绝放弃信仰的基督徒。然而正如在搜捕行巫者中经常发生的一样，人们会利用新的指控来发泄旧的宿怨，因此指控大量地增加。接着有人向普林尼呈上一本没有署名的小册子，上面列举了许多声称自己是基督徒的人。也许此时普林尼有点后悔去调查基督徒的事，因此奏请皇帝裁定。图拉真的批复既简单，又很能说明问题。他指令普林尼不要再追查此事，不要再搜捕基督徒；应给予他们充分的机会，让他们宣布放弃其信仰；赦免那些声明放弃信仰的基督徒；在任何情况下都不应理会匿名的指控。

公元 180 年，在里昂殉教 3 年之后，另一群基督徒被带到了迦太基的罗马总督面前。他们的领袖名叫斯帕拉图斯。见证此事的基督徒后来以审讯记录的形式记载了事情的经过：

总督：如果你们放弃邪思异志，你们便会获得皇帝陛下的宽恕。

斯帕拉图斯：我们从来没有犯错，从没有参与任何邪恶的事情，也从没有恶语伤人，在受到恶劣对待的时候，我们仍然感恩，因为我们尊奉我们自己的皇帝。

总督：我们也是很虔诚的人民，我们的宗教很简单：我们向皇帝陛下宣誓，为他的安全祈祷，你们也应该这样。

斯帕拉图斯：我并不承认这个世界的帝国，但我服从上帝，凡人的眼睛从来没有见到过他，也不可能见到。

总督：不要再接受这种信仰。

斯帕拉图斯：但那样做是邪恶的。

总督：你坚持当一个基督徒吗？

斯帕拉图斯：我是个基督徒。

总督：你不需要再有一点时间考虑吗？

斯帕拉图斯：正义是那么显而易见，没什么可考虑的。

总督：给你缓刑 30 天，让你再考虑考虑。

斯帕拉图斯：我是个基督徒。

由于斯帕拉图斯的言语越来越忤逆，总督虽然不情愿，但还是被迫下令处死了他。这份文献十分重要，表明至少对部分罗马人而言，可以把基督徒看成是一个反社会的群体，他们经常吵嚷着要引起世人对他们的关注。就像斯帕拉图斯的审讯所揭示的，由于罗马人对他们漠不关心，许多基督徒不得不使出浑身解数，好让他们自己被罗马人抓去喂狮子。

总体说来，基督徒处于罗马社会的边缘，他们不是罗马人关注的焦点。在公元 2 世纪 80 年代后期，兴奋不已的人群团团围住了亚细亚总督盖尤斯·阿里乌斯·安东尼努斯的法庭，明确宣称他们都是基督徒，并且希望总督立即判处他们死刑。安东尼努斯顺着他们的意愿，下令将其中几人推出去处死，但是当其他人更为坚决地要求同样的命运时，他恼怒地看着这群虔诚的基督徒，大声喝道："你们这群混蛋，如果你们想死，难道不能去跳崖或是上吊吗？"

同样重要的是，作为异教徒的罗马人在诽谤、处决或仅仅无视基督徒的存在时，忽略了——或者干脆是不愿主动去认识——这个新宗教至关重要的一点。通过把基督徒和罪犯、强盗以及其他可恶之徒相提并论，罗马人在思想上忽略了致使这一运动异乎寻常的因素。基督教是一种宗教，尤其是一种有经书的宗教。就像犹太教一样（在罗马人看来犹太教就是一种古怪但却古老的异族迷信），基督徒也依赖于一系列神圣的文本，他们相信这是上帝的话。正是这种对于经书的依赖使基督教与众不同，它不是一个在面临有国家支持的暴力就会轻易垮掉的反社会组织。

一系列宗教经典文本的确定对于早期基督教至关重要。《新约全书》似乎还没有完全成书。在基督之后的两个世纪里，出现了不同的版本，人们试图以不同的方式书写上帝，由此而产生了激烈的争论。这些争论中的一个关键人物是马西昂。他于公元 2 世纪初在罗马撰写的著述中提出，《旧约全书》中的犹太上帝和基督教上帝并不完全相同。就像他在名为《对立面》（书名取得恰如其分）一书中试图证明的那样，两者的不一致之处实在太多。摩西的上帝创造了亚当和夏娃，从而让邪恶得以进入这个世界。他安排了在马西昂看来是令人蒙羞的性交繁育的过程、怀孕的不适以及分娩的痛苦。这个《旧约全书》的上帝并非是一个行善的仁慈榜样，他让先知以利沙对捉弄他的孩子发泄怒火，用熊伤害他们。他使太阳停在正午时刻，以便给予约书亚更好的机会去屠杀阿摩利人。他的无知明显体现在他向伊甸园的亚当提的问题中："亚当，你在哪儿？"马西昂提出，人们不会想到一个万能的神会问这类问题。这样的神不可能保证基督教的救赎。《旧约全书》启示的创造神使用严酷的法令，报复心极强，这和《新约全书》中允诺慷慨圣恩的上帝完全不同。

在马西昂看来，《福音书》的作者们并没有充分认识到这一区别。需要彻底重编《福音书》以明确此点。在其新编的《福音书》中，马西昂完全屏弃了基督出生的故事。在他看来，不可想象上帝是由女人生的，不管这个女人是否是处女。他争辩说，《四福音书》也导致了不必要的矛盾。因此他删除了《马太福音》、《马可福音》、《约翰福音》，删节了《路加福音》，增加了一些保罗的书信。自不待言，马西昂的思想没有被广泛接受，他在公元144年被逐出罗马的基督教会。这并不令人吃惊：毕竟马西昂的著作触及了这个新宗教的核心问题。如果基督教是基于一本经书，那么这本经书应该是什么样的呢？

在基督教会之外，围绕创作一本以某种方式界定上帝的经书的这些争论基本上被忽视了。当斯帕拉图斯来到迦太基的总督面前时，他的胳膊上挎着一个小书包。总督问道："书包里装的是什么？"斯帕拉图斯回答说："是书籍和保罗的书信，他是个公正的人。"但是总督并没有表现出进一步的兴趣。只是到了公元3世纪末，在基督教会已经成为分布广泛且组织完善的机构之后，这些文本的重要性才得到认可。公元303年审讯基督徒的另一份笔录表明，罗马官方在搜寻书籍。在奇尔塔（今阿尔及利亚的君士坦丁），市政议事会的领袖菲利克斯同当地教会的低级官员卡图利努斯和马尔库克留斯有一番唇枪舌战：

菲利克斯：交出你们带着的经书，好让我们遵守皇帝的命令和指挥。

（卡图利努斯拿出一本大书。）

菲利克斯：为什么你们只交出一本书？交出你们带着的所有经书。

卡图利努斯和马尔库克留斯：我们没有了，因为我们只是助祭。经书在读经师手中。

菲利克斯：如果你们不知道他们住在哪儿，那么告诉我他们的名字。

卡图利努斯和马尔库克留斯：我们不是叛徒；我们站在这里，下令处死我们吧。

菲利克斯：逮捕他们。

但这不是殉教的事例。官方施加了压力，两名助祭改变了主意。最终市政长官找到了读经师，带着几本宗教书籍满意而归。

这类审判属于戴克里先皇帝迫害基督徒的一招，这是罗马政府压制基督教最有效的手段。通过搜缴经书而不是抓人，戴克里先直击了这个新宗教的核心。因此后来的基督教作家把这些岁月说成是“大迫害”时期，这并不令人吃惊。最终教会幸存了下来，因为在戴克里先需要应付的事情中，基督教的事并不特别急迫。到公元3世纪末，基督教已是个十分强大、团结紧密的组织，面对罗马官方的搜缴，许多人都拿其他书来假冒他们的经书，瞒住了来搜缴的人。但是“大迫害”的教训非常重要。它向所有人揭示了，特别是向那些负责执行戴克里先命令的帝国官员表明，基督教依赖于经书。

君士坦丁皇帝也没有忘记这一教训。在公元312年，即戴克里先“大迫害”10年之后，君士坦丁成为第一个认可基督教的罗马皇帝。随后在公开表示支持他新近皈依的宗教时，君士坦丁说他所关注的一个关键问题就是确立牢固和可检验的信仰基础，其目标是结束关于经书性质和数量的争论，并定义基督教上帝。君士坦丁获得了巨大的成功。面对关于基督神性的激烈争论，他召集了第一次地中海范围的全体主教会议。会议于公元325年6月在位于今土耳其西南部的湖滨小城尼西亚召开。出席尼西亚宗教会议的基督教领袖在君士坦丁的强迫下，首次草拟了“尼西亚信经”：

我们信：独一天主全能的父，创造有形和无形万物的主；独一主耶稣基督，天主之子，为父所生的独生子，这就是从父的本体而来，从神而来的神，从光而来的光，从真神而来的真神，受生而不是被造，与父同体，万物都藉着主而被造。[1]

1 译文引自徐怀启：《古代基督教史》，华东师范大学出版社1988年版，第180页。

这个宣言至今仍然是所有主要教派的基督徒用来表达和申明自己信仰的基本表述。在《新约全书》的任何地方都找不到"尼西亚信经"，它是后来人们想要界定作为信仰体系的基督教的产物，是建立教会作为一个统一性机构的方式。

对于许多并不赞同君士坦丁皇帝信仰的人来说，他对基督教的公开信仰一定是件令人不快的意外事件。事后回顾历史——肯定能看得更清楚——他们可能感到后悔，因为之前许多罗马人对基督教漠不关心。一些人无疑希望更多的基督徒被扔给狮子吃了。但是把基督徒当作罪犯一样对待没有触及基督教的核心。因为这样做忽略了基督教从根本上对于语言、经书和上帝之言的依赖，没能阻止一个全是狂热分子的教派的发展；该教派坚信自己的信仰，通过对殉教者的颂扬获得了身份的认同，并赢得了追随者的支持。许多殉教者是在罗马城中最具象征性的地点被杀。反思过去，放掉那些基督徒要好得多。把他们扔给狮子的确娱乐了大众，但最终的结果却适得其反。如果在公元后的前两个世纪里，罗马官方真正想镇压基督教，一个有效得多的策略应该是放过基督徒个人，搜缴并烧毁他们的经书。

第六章

# 生与死

## 透过钥匙孔

“米南德私宅”是庞培城里最漂亮的房子之一。它位于城南，大约在市政广场和角斗场的中间，占据了大半个街区。其占地面积（1,700 平方米左右）、华丽的装饰、精心规划的格局、昂贵的家具，全都反映了主人的财富和品位。

在庞培和赫库拉内乌姆（两者都位于今意大利南部的那不勒斯附近）发掘出的房屋保存之完好令人惊叹；它们为我们提供了深入理解富人生活的宝贵机会。公元 79 年 8 月末维苏威火山爆发，厚厚的火山岩浆吞噬了城市，“米南德私宅”从此停留在了时间的节点上；罗马历史的一瞬间被永远冻结了。

这座房子本来就是为了向世人炫耀才建的。通过一条街道，穿过一道宏伟的大门（4.15 米高，两侧饰以壁柱），客人立即会对房屋的空间产生深刻的印象。前厅宽敞通风（有两层楼高，地面面积为 73 平方米），天井的四周围绕着海豚状的陶制滴水嘴。下雨的时候，雨水哗哗地喷射到天井下面的白色大理石池子里，再流入一个地下蓄水池。

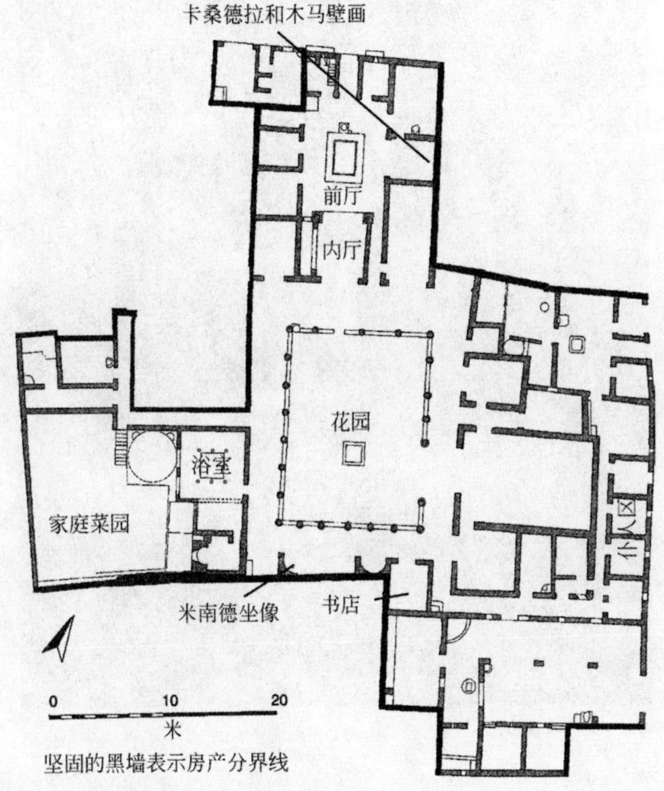


图 16“米南德私宅”的地基图，庞培

图 17 “米南德私宅”，从前厅往花园方向看到的一景，庞培

客人可以从前门一眼看到房子 40 米深的地方：穿过前厅，经过两侧以柱子作框架的内厅入口，便是一个有院墙的花园的后部，花园四周以柱廊围绕。

这种远景是精心设计而成的。视线的错觉从表面上增加了房子的纵深：近前的两根柱子（位于内厅入口）比里面两根柱子（属于北面柱廊）要高些，更深处的柱子（花园另一面的柱廊）相互间距离更近，同时部分被低矮的挡墙所遮蔽，因此看起来要矮些，比实际上显得更远。客人的目光被引进房内，通过亮堂和阴暗交替的区域（有上面天井照亮的前厅，有屋顶遮盖的内厅，敞开的庭院，有屋顶遮盖的柱廊），再通过围绕花园的低矮挡墙上描绘的茂盛的植物和野生动物，然后转向高处的自然景色，上面紧接附近的山峰。

这些精巧而又别出心裁的视觉效果由同样精心设计的装饰布局所加强。现存的大部分建筑都是公元 62 年大地震后修复和改建的，重建工作进展缓慢（也许是由于缺乏熟练工人）。有充分的证据表明，20 年之后，直到火山大爆发的时候，现场还有建筑工人在干活。此时主要的房间已经按照最新的样式进行翻新。前厅的墙壁粉刷一新，并饰以红色画板和黄色缘饰；这样的主题移位到内厅，又变成了黄色画板和红色缘饰。在前厅的红色画板中央绘有精巧的戏剧面具，而黄色墙面上则描绘了飞鸟、水果和水禽的迷人图像。在上方，一系列画板表现的是优美风景和宏伟乡间别墅的组合。

在前厅的东面有一个大凹室（3.45 米宽，3.75 米深），上面画板之间（和内厅一样，是黄色画板和红色缘饰）又各有彩绘的小壁龛，正面是一幅画，像是“悬挂”在深紫色的“边框”上，延续了巧妙的幻象。三种景象都表现了和特洛伊陷落相关的事件。埃涅阿斯逃难到达迦太基的时候，曾经向狄多及其随从生动地讲述过这些事件。在直接面对客人的后墙上，描绘的是一群欢呼雀跃的特洛伊人正将木马拉进城里。他们对事关自己命运之事欠缺考虑，毫不理会女祭司卡桑德拉的警告（她被粗暴地拖到一边），准备通过城墙的缺口把木马拖进城内。

这些壁画本身已十分优美；昂贵的装饰设计赏心悦目，但它们同时也考验来访客人的教育水准：他们能够理解壁画总体表现的是维吉尔的《埃涅阿斯纪》（具体说是第二卷）吗？受过良好教育的客人能否察觉到艺术家在哪里偏离了维吉尔的原文(可能是受人所托，刻意为之)呢?(在《埃涅阿斯纪》中，卡桑德拉是在特洛伊城内而非城外遭遇木马的。)房子主人的文学偏好同样表现在花园柱廊的后墙(南墙)上。这里，三个大壁龛的中央描绘的是三位伟大剧作家理想化了的肖像。唯一能够确切辨认的是一幅公元前4世纪后期希腊著名喜剧作家米南德的坐像，今天这座房子就是以他的名字命名的。

对于那些能够欣赏这些东西的人来说，花园、壁画和柱廊表明了一种明确的思想立场。这里拥有和一个富人家里的文学沙龙相关的一切：一个用于私人研修的僻静之处(恰如其分地饰以剧作家的画像)，一个用于阅读和讨论的柱廊，一个用于朗诵的大厅(有几个大小合适的大厅建在柱廊旁)，一个图书馆(也许是花园里三个大壁龛的左边一间，里面粉刷成白色的壁龛洞表明书架是固定在三面墙上)。花园旁边一个自成一体的小型浴池建筑增添了一种文雅的奢华感。在这里主人同样强调了他自己和一个有更大特权的世界的联系。宏伟的乡间别墅(就像前厅的墙上描绘的那种)有的设施在“米南德私宅”也能找到，只是规格要小些。以建筑和装饰语言表现出来的文学典故，也告诉我们在这里款待的会是哪一类客人——有教养、富有、受过良好教育、拥有闲暇的人，或是房子的主人想要讨好的人——通过向他们介绍这种环境，让他们好像有种宾至如归的感觉。

“米南德私宅”设计优雅；它对空间的巧妙运用能把客人吸引进来，博得他们的赞赏，然后考验客人的社会地位和知识品位。房子的装饰设计需要有专业背景的人才能作出解释（毫无疑问，一些人是以审慎沉默的方式欣赏）。这种考验可以仔细地分出层次来。光线和木制隔墙可能让客人看不到房子的某些部分，但这也增强了他们在获准看到另一个漂亮房间时的愉悦感和优越感。墙上的装置表明，凹室（包括其特洛伊景象）可以被遮住，内厅的入口也是如此。在内厅和柱廊之间有一些方形青铜轴销托板和铰链，它们用在一扇折叠木门上。从前厅到花园后墙中央壁龛的整个长廊景色并不总是向客人展示。在炎炎夏日，房子可能会全部开放，但也只是供更尊贵的客人参观。

除了仔细设置的物障，还有一批奴隶和仆人巡视房子。客人首先会碰到看门人，他住在大门左侧一间朴素的小房子里。其他人也会上来询问，或是阻止客人再进一

图 18 前厅旁凹室里的卡桑德拉与特洛伊木马壁画，“米南德私宅”，庞培

步；在客人进入主人安排好的见面地点时，一个“报名人”会通报来客姓名。客人不会经过杂物堆放区。在“米南德私宅”里，这些地方被明确分开了。在花园柱廊的一端，一条长长的走廊和台阶通向下人住处（它有单独的边门供人出入）。在另一端，另一条长长的曲折走廊通向厨房。主厨房装备齐全：灶台由石砌的排烟罩保护；角落里有个大水槽，水槽流出的水可以冲洗隔壁房间的厕所。在

走廊里，有九级台阶通到下面一块低凹的菜园，圆形的菜地里种着各种植物和蔬菜。人们一定会拿这些区域和房子的主要部分进行对比。厨房和下人住处被小心地遮掩起来（这里没有引人入胜的狭长通道），墙壁上的装饰也只有粗糙的灰浆粉刷。和客厅华丽的装饰相比，这些地方如此设计，就是为了不让人看见。

尽管主要的杂物堆放区安置在不起眼的地方，但这并不意味着所有家庭的活动都像维多利亚时代的豪宅那样，被完全掩藏起来。在“米南德私宅”里，柱廊也作烧烤（发现了烘烤设备的残留物）或是储藏之用。客人来访之前，也不会匆忙把大坛大坛的酒和橄榄油搬走。重要的是要严格控制入口。从这一点来说，“米南德私宅”的设计清楚地展示了它是以逐次升高的规格来对待不同的访客。一些客人可能从来不能越过前厅，甚至不能看一眼花园；另一些客人会受到热烈欢迎，被引领进入房子，参加可能是在柱廊里举行的聚会；只有那些受到特别礼遇的客人才能单独或是成对地住进较小、但装饰精美的房间。令人遗憾的是，这座豪宅的主人的身份并不为我们所知，但他显然十分富有，属于庞培的精英阶层。就像他富有的朋友一样，他拥有的豪宅既符合、又强化了他的社会地位。

精英阶层的住宅并不是设计成与世隔绝的私人场所，远离外部世界的竞争。相反，在整个罗马帝国的城市里，它被设计成表演的舞台，其拥有者能够向一个有选择的观众群体有所节制地公开展示自己，从而增加自己在竞争中获胜的可能。毫无疑问，“米南德私宅”令许多来访的客人印象深刻，至少在主宰了意大利南部这个比较重要的城市的狭窄社交圈里是如此。然而，尽管有精巧的建筑设计和丰富的文学意涵，它还是不怎么会受到那些真正富有之人的羡慕，因为他们拥有豪华的乡村别墅，而不仅仅是拥有描绘它们的壁画。他们最多不过会对这种模仿真正奢华而有教养生活的做法报之以宽容的微笑；最糟的情况是，他们可能会认为“米南德私宅”是在附庸风雅，它企图模仿一个上流社会，但显而易见，仅凭其主人的经验和财力是无法跻身其中的。

## 无法更改的事实

对许多现代游览者来说，漫步在庞培和赫库拉内乌姆的房子里，或是若有所思地走在以弗所、阿弗罗狄西亚、大勒浦克斯城或是地中海世界任何一个保存良好的遗址的街道上，他们可能会想，他们至少和罗马帝国的部分居民能够形成一种亲密的联系。像庞培这样的城市似乎展示了古代世界如此多的日常生活情况，（甚至更多）揭示出古代世界纯粹平平常常和明显令人亲近的一面：从专门设计的庭院，到厨房水槽和菜园；从建筑工人完成一项工程所花的时间，到主人想要用住宅的现代化以及时尚的高雅品位来给客人留下深刻印象的迫切心情。但正如思考“米南德私宅”所表明的，我们也不能过度发挥这种本是出自善意的移情心理。无论初看起来古代世界一些非常具有人性的活动和我们自己关注的问题是多么相似，我们也应该把它们和当时人们的习惯、态度和期望放在一起看待，这些东西使得罗马社会根本不同于21世纪初发达的工业化世界。

罗马帝国为疾病和死亡所困扰。人们的平均寿命在20到30岁之间，大体只有现代西方社会平均寿命的三分之一。这样的计算不是直接基于零散而且通常是贫乏的古代证据，而是基于一个合理的假设，即认为罗马世界遵循着不发达国家的共同趋势。20世纪早期在印度和中国的研究阐明了这些趋势。至少这些趋势有助于确定参数。平均寿命低于20岁会引起人口的迅速减少。另一方面，平均寿命高于30岁会使罗马帝国在人口方面比起任何具有相似环境、社会和经济条件的前现代社会都要成功。

统计模型能够作为理解人口问题的有益向导。它的优势在于能够建立一个分析可能的年龄结构、人口出生率和死亡率的清晰框架。这类普遍化抽象模型的缺点是，它只能反映可能的情况。根据定义，统计模型抹去了个人经历的差别和不同时间、不同地区以及不同社会群体之间不可避免的数据波动。一些特定的调查研究清楚地揭示了上述差异和波动，例如对罗马墓地里骨骼证据的分析（不过成年人的骨骼可能比儿童的骨骼保存得更好），或是对墓志铭上记录的年龄的统计（不过在一些情况下可以表明，这类记录受到了歪曲，它只是更准确地反映了有选择性纪念的文化取向，而不是实际死亡率的样本）。

最普遍运用于罗马帝国的“寿命模型表”通常被称为“西方模式第三级”，它假定有一个静止的人口数（即零增长率和恒定的年龄结构），并且在不同时期是稳定的人群（即没有移民和瘟疫的影响）。图 19 中左边两列数据跟踪记录一个假设的 10 万人群体的情况，从出生到 85 岁，每隔 5 年统计 1 次。第三列是在同样的 5 年间隔时剩下的平均寿命，第四列是每个年龄段的人口百分比。

这些模型所揭示的情况令人吃惊。在这个模型里，只有一半的婴儿活到 5 岁，刚出生后的几个月里死亡率最高，约三分之一的新生儿活不到 1 岁。那些活到 5 岁的人通常很有可能再活 40 年。这样的高死亡率使得人口年轻化。“西方模式第三级”的平均女性年龄是 27.3 岁，男性是 26.2 岁，换言之，刚好 40% 以上的人口在 20 岁以下，只有 4% 的人口在 65 岁和 65 岁以上。同样，不会有人说这些数字是精确的，我们应把它们看成是各种可能性中的一种。即便如此，在一个寿命模型表的限度内，这些数字对我们认识不同年龄人群的比例关系还是很有价值。大致说来，罗马社会的年轻人和老年人的比例一般是 10 比 1。与此形成鲜明对比，现代西方社会中这个比例小于 3 比 1。

| 年龄 | 10 万人群体 | 剩余寿命 | 年龄群百分比 |
| --- | --- | --- | --- |
| 0 | 100,000 | 25.0 | 3.21 |
| 1 | 69,444 | 34.9 | 9.53 |
| 5 | 54,456 | 40.1 | 10.53 |
| 10 | 51,156 | 37.5 | 10.00 |
| 15 | 48,732 | 34.2 | 9.46 |
| 20 | 45,734 | 31.3 | 8.81 |
| 25 | 42,231 | 28.7 | 8.10 |
| 30 | 38,614 | 26.1 | 7.36 |
| 35 | 34,886 | 23.7 | 6.62 |
| 40 | 31,208 | 21.1 | 5.91 |
| 45 | 27,705 | 18.4 | 5.22 |
| 50 | 24,389 | 15.6 | 4.52 |
| 55 | 20,661 | 13.0 | 3.75 |
| 60 | 16,712 | 10.4 | 2.91 |
| 65 | 12,175 | 8.4 | 2.03 |
| 70 | 7,934 | 6.4 | 1.23 |
| 75 | 4,194 | 4.9 | 0.58 |
| 80 | 1,644 | 3.6 | 0.19 |
| 85 | 436 | 2.5 | 0.04 |

**图 19** 寿命模型表，西方第三级，女性

这个罗马世界的人口模型和保存得最完好的史料可能吻合。这些史料的数据跨越公元1到3世纪，来自于罗马统治下埃及地方当局归档的三百多份统计申报表，这些申报表是该行省定期人口调查的一部分。在这些纸草碎片上保存了近1,100名登记人员的详细情况。申报表显示，人口的平均寿命在22至25岁之间，大约三分之一的人口在15岁以下。这些数据处于罗马帝国20到30岁这个平均寿命范围的下限，也许也反映了在法尤姆（位于尼罗河三角洲以南）这个肥沃而易于滋生疾病的地区人口密度较大，而三分之二的人口调查数据恰好来自于这一地区。有理由假定，地中海地区不同的生态条件（贫瘠的土地、沼泽、山地、平原）对其特定人口的寿命会有影响。然而，即使考虑到环境的变化，富人也不一定会比贫苦农民的寿命长很多。在帝国时期，罗马的元老院议员人数稳定在600名左右，这个数字由于每年会有20名前任财务官（之前担任过最低级别政府官员的人）进入元老院而得以维持，他们的平均年龄在25岁左右。老议员辞世和新议员补入紧密相连。这个模式意味着，前任财务官通常能够活到55岁左右。更明白一点讲，意味着他们的平均寿命在

20 到 30 岁这个普遍平均寿命的上限。罗马社会最有特权的成员有机会优先享用各种上等资源，但这一优势很可能被长时间待在像军营和拥挤的市中心这样易感染疾病的环境所抵消。对于自然死亡的 30 位皇帝（从公元 1 到 7 世纪）的年龄分析表明，其平均寿命为 26.3 岁。尽管拥有如此的财富和权力，即使他们成功避免了暗杀，还是无法期望比他们的臣民长寿得多。

这些统计数据给了我们一个关于罗马帝国人口的总体印象。特别是，它们突出了死亡的不断发生，尤其是在婴儿和年轻人中。疾病永远存在。可能导致死亡的主要原因从前工业化的欧洲起就为人所熟知：痢疾与腹泻；诸如霍乱、伤寒和疟疾之类的发热病；诸如肺炎和肺结核之类的肺病。高死亡率也反映了普遍的营养不良，卫生水准低，城市人口非常密集容易导致传染病迅速流行，以及在一个庞大、缺乏管理的帝国，中央政府不可能严格执行隔离措施。公元 165 年，一支远征波斯的军队回来之后，将天花永久地带进了地中海世界。这个传染病传播了 25 年，有可能夺去了多达 600 万人的生命，这大约是帝国人口的十分之一。

高死亡率给罗马帝国妇女的生育能力增添了很大负担。不言而喻的是，为了维持稳定的人口数量，平均每个到了月经初潮（即生理上能够怀孕的年龄）的妇女至少必须生下一个也能活到月经初潮年龄的女儿。在一个婴儿死亡率很高的社会里，满足不容变更的人口需求所需要的活婴数量急剧上升。平均必须有 2.5 个女婴存活才能维持稳定的人口，或者说，每个妇女至少必须生 5 个孩子。

埃及的人口调查数据表明了当地人口应对这种严峻的生育压力所采取的一系列方式。总体而言，妇女倾向于早婚，平均结婚年龄刚好在 20 岁以下，这似乎是普遍的做法。帝国西部行省的墓葬铭文（从一个合理的假设来分析，即未婚妇女更可能由父母刻碑纪念，而已婚妇女则更可能由丈夫刻碑纪念）表明，妇女初婚的年龄在 20 岁上下。结婚的人尽可能的多，这也是分摊生育压力的一种方式。在埃及，60% 的妇女在 20 岁之前结婚，其余则在 30 岁之前结婚。很少有人不结婚，罗马帝国的老处女非常少。

埃及的数据也表明，在生育力和生殖力（即出生率和妇女生养孩子的生理能力）之间存在着密切关系。在 20 至 35 岁之间生育力大体保持稳定，在 45 岁之后则急剧下降。和现代西方社会的通常做法有着明显不同，没有证据表明，在生育了特定数量的孩子或者这些孩子活过了婴儿期后，妇女会有意停止生育。只要可能，已婚妇女不停怀孕。一些妇女在这方面非常成功。埃及人口调查的申报表证明，一些夫妇生育了多达 8 个孩子，但绝大多数夫妇不超过 3 个。不过，这些申报表并不记录每个家庭死婴的数量。而且，在一个稳定的人口中，五分之一的婚姻没有生育，另有五分之一只会生育一个或几个女儿。在这些冷冰冰的数据背后，我们看到的是父母显而易见的痛苦，他们拼命地想要确保传宗接代。在公元 2 世纪中期，元老院议员、著名的演说家马可·科尔内留斯·弗龙托的五个孩子都不幸夭折。弗龙托怀着极度的痛苦给他以前的学生马可·奥勒利乌斯皇帝写了一封信，在信中感人地表达了他对子女无法存活的悲哀：

我在最为悲惨的情况下失去了五个孩子，因为我一个接一个失去了所有五个孩子，每次失去的都是我唯一的孩子。我接连受到这种丧子之痛的打击，每次在失去孩子之后，才有另一个孩子降生。这样，我总是失去自己的孩子，没有一个留下来，给我以慰藉。在我仍然处于悲伤之时，我才会有其他的孩子出生。

高死亡率的风险使得任何可靠和长期的计划生育都不可能。那些埃及人口调查所记录的大部分人都生活在大家庭中，家庭成员可能会产生重大和突然的变化。在其中一个家庭里（根据公元 187—188 年的人口调查记录），一对已婚夫妇和他们的女儿、丈夫前两次婚姻中所生的已长大成人的一个儿子和一个女儿以及妻子和前夫所生的一个儿子和一个女儿生活在一起。家庭向横向扩展，包括同辈中人和以前婚姻中所生的子女，但无论时间长短，祖孙三代居住在一起的情况极为少见。这样的聚居情况反映了总体高死亡率的后果，这种后果对单个的家庭产生了多样和不可预测的影响。单单平均数读起来就已十分明显：也许多达三分之一的儿童在青春期前就会失去父亲；多达一半的孩子在 25 岁之前会失去父亲；平均一半的 10 岁儿童才会有一个活着的祖父母或者外祖父母，不到 1% 的 20 岁青年会有一个祖父母活着。

总体看来，这样的死亡率、婚姻、生育和大家庭模式体现了一种和工业化社会完全不同的经验，后者有着高得多的寿命、低得多的出生率以及紧迫的赡养老龄化人口的社会和经济义务。这些对比相当重要：环顾罗马帝国，现代人会立即产生深刻的印象，即它的老年人口相对缺乏，年轻人很多，孤儿很多，婴儿死亡率高，最后这一点尤为让人痛心。可以合理地认为，在这个社会里，大部分人（如果他们活过童年期的话）会活到 45 岁左右。这样的预期寿命带给人一种非常不同的对时光流逝和个人人生轨迹（毕竟，具有抱负的精英在 25 岁就进入了元老院）的认识，对于一生中能够取得什么样的成就、获得什么样的经历也会有着非常不同的想法。在公元 2 世纪 70 年代，马可·奥勒利乌斯皇帝在其日志（后世称为《沉思录》）里思考了人类存在的单调重复。在他忧郁的思考里，40 岁的一生足以体会永恒的枯燥：

回顾过去以及现在的一切变化；也有可能预见将来，因为它完全会是一样的，不可能和现在的生活方式有什么不同。因此，思考一个人 40 岁的一生等同于思考 1 万年。你还会看到其他什么呢？

## 远离尘嚣

可以理解的是，现代人关于罗马帝国的大部分想象都集中于精英阶层。想象我们和王公贵族一起漫步，在富人豪宅里向权贵建言献策，和行家一道欣赏维吉尔、塔西佗或是普鲁塔克原本为他们创作的作品，这会让人觉得很荣幸。这么想并不是什么让人觉得可耻的事。实际上，这是大部分罗马人羡慕的经历。在地中海世界大约 6,000 万人口中，富人的人数也许不到 20 万。

当然，也有其他激发热情的事情。有关罗马军队的大量考古遗址——其武器、盔甲，尤其是仍然耸立在英国北部哈德良长城沿线和德国莱茵河边境沿线的堡垒——激发了一些人去再现罗马军团的日常活动。这在当时也是少数人从事的活动。在公元 2 世纪后期马可·奥勒利乌斯统治时期，罗马军队的总人数可能是 50 万人，还不到帝国人口的百分之一。宏大的罗马城废墟为我们提供了更为广阔的视野。如同在庞培那样，我们可能对帝国至少约 15% 的人口的生活状况有所认识。

罗马帝国的居民大都靠土地为生。土地不仅是古代世界主要的生存来源，也是财富的首要标志。土地主要集中在富人手中。一份属于公元 2 世纪初、从意大利南部不起眼的城市利古里斯·拜比阿尼流传下来的记录，列举了向图拉真皇帝支持的、用于资助部分公民子女的计划提供资助的人。这份记录表明，3.5% 最富有的地主拥有 21.3% 的土地（其中一个地主就拥有 11.2% 的土地）。另一方面，14% 最贫穷的土地所有者仅仅拥有登记在册的土地的 3.6%。很难确定这些田庄的大小。利古里斯·拜比阿尼的记录仅仅给出了土地的资本价值，并没有说明土地的大小。而且，只有财产价值足以使所有者参与图拉真计划的人才被包括在内。最小的那些农庄完全没有登记在册，其面积可能只有不到 2.5 公顷那么大。这是公元前 2 世纪初期分配给在被征服领土上定居的罗马公民的最大块土地。从公元 1 世纪开始，退伍老兵（在军团服役满 25 年后）被安置在帝国各地特意为他们建立的城市里，每人分得至多 5 公顷的土地。这些殖民活动在行省的土地上留下它们的印记：在突尼斯乡间的大片土地上仍然能够看到规则的、呈棋盘状分布的古代农庄。

农业依赖于农民阶层。只有在意大利、西西里、高卢南部和北非的部分地区，奴隶劳动才起了重要作用。大部分土地是由业主居住者及其家属，或是由佃农、雇工耕种。这些不同类型的人群有相互重叠之处。一个小土地所有者在农忙季节可能会在附近庄园里劳动，以增加收入。实际上，分配给退伍老兵的土地太少，他们无法实现自给自足，尤其是在耕地贫瘠的地区。由此看来，官方一定假定他们还能够同时从事其他工作。无论是业主居住者还是佃农，农民所采取的耕作方法和方式不可避免地受气候和地形等自然条件的限制，因而各不相同:从尼罗河河谷（帝国生产力最大的地区）的洪水泛滥和人工灌溉的交替循环，到意大利北部和法国南部的雨养农田（足够肥沃，可以轮作而不用隔年休耕）；从北非高原大草地和前沙漠地区的“浇灌”农业（精心构筑的运河和梯田网络用来分配储存的春雨），到不列颠和莱茵河－多瑙河行省黏重而潮湿的土壤。

在地中海盆地，基本的农作物是谷物（主要是大麦和小麦）、旱地豆类作物（蚕豆、豌豆、鹰嘴豆、滨豆）、葡萄和橄榄。旱地豆类提供了谷物所缺乏的维生素 B2 和钙，橄榄则是脂肪、油、照明和肥皂的主要来源。小土地所有者可能也会畜养猪（以提供肉食）、山羊（以提供奶酪）和一些绵羊（特别是为了提供粪肥）。牛群较少见。在优质耕地相对缺乏、半干旱的地中海低地地区，发展大规模畜牧业完全不合算，而且还会给粮食和水资源施加很大压力。因此也许并不令人吃惊的是，在许多古典作家看来，畜养牲畜主要是和遥远的边远行省如不列颠以及生活在莱茵河–多瑙河一线以外的游牧民族联系在一起的。在他们看来，饮食中包括大量的牛肉和奶制品完全是蛮夷的标志。

通常，小农经济力图以最小的风险换取最大的产量。在地中海世界的许多地区，大量不同种类的庄稼分散在崎岖不平的土地里。庄稼种类的多样性和土地的分散性降低了庄稼绝收的风险，而细心储藏则有助于确保全年有足够的粮食供应。个别遭遇不幸的农民可能还能够依靠邻居的帮助渡过难关，以前他们也许同样帮助过这些邻居脱离困境。不过尽管他们节俭、聪明和乐于互助，但饥饿的威胁还是时常存在。公元 2 世纪中期，古代最著名的医生之一盖伦——他的作品得以保存——生动地回顾了其家乡帕加玛（位于土耳其西部）附近农村粮食短缺所产生的后果。农民们先是宰杀家畜（他们无法继续喂养），然后吃掉了储存的用于冬季喂猪的橡果。盖伦注意到，即使是在饥荒的情况下，也很少有人死于饥饿，大多数人都死于食用不健康的替代食物，如树根、球茎以及煮熟的野草而导致的传染病：

> 出现了大量发热病……大便恶臭且疼痛难忍，接着是便秘或者痢疾；因为一些人的膀胱溃烂了，所以小便味道刺鼻或臭气熏天，……那些没有这些毛病的人要么明显死于内脏器官的炎症，要么死于严重而危险的高烧。

尽管经常面对严酷的环境条件和几乎是普遍的营养不良，那些种田人表现出了令人吃惊的适应艰难困苦的能力。但他们的经济十分脆弱，可能会由于不可预测的庄稼绝收、水旱灾害、或是地主、债主、收税人的无理要求而突然破产。一些农民经受住了这样的危机，一些却在死亡、疾病或债务面前无能为力，另一些从小农场主沦为佃农，或者从佃农沦为无地雇工。他们的儿子也许指望参加军队，希望在侥幸服役满 25 年后能获得自己的份地。许多退伍老兵被安置在他们服役的卫戍城市附近，通常远离他们从小长大的地方。在新的居住地，他们和大部分其他人一样，继续以种田为生。

罗马帝国的小土地所有者是沉默中的大多数。他们很少树碑立传，很少刻写墓志铭作为纪念。他们居住的是简陋的木结构农舍，其中绝大部分早已消亡得无影无踪。他们很少出现在现存的文献中，除了作为粗鲁的乡巴佬在优雅的城市生活面前不知所措，招人调笑一番外。然而，罗马帝国的财富却依赖于那些在农村劳动的人。他们那点可怜的剩余产品被作为地租或者税收征走，资助了和平时期驻扎在边境地区的军队，促进了使帝国行政和文化协调一致的城市网络的形成和发展。可以理解的是，罗马帝国的历史集中描述皇帝、战争、征服、富人和权贵及其了不起的城市文明成就。这些值得我们关注，并且也许值得我们钦佩。即便如此，有时候我们太容易忘记，这个地中海世界的超级大国的稳定和繁荣恰恰依靠的是汗流浃背的农民的勉强支撑。历史并非仅仅关注碰巧留存下来的东西，也非仅仅关注引起历史学家注意的东西。在面对如此辉煌的帝国成就时，对罗马帝国的绝大部分居民没有留下可作永久纪念的资料进行反思，对我们总是有所裨益的。

第七章

# 回顾罗马

## 不列颠和平

1911年5月11日，弗朗西斯·哈弗菲尔德（牛津大学卡姆登古代史讲座教授）就任新成立的“促进罗马研究学会”的会长，并发表了就职演说。他发现有必要解释一下建立这样一个学会的理由，因为他注意到许多人认为成立这样一个学会“就是为了平息少数专家的牢骚”。他还敏锐地意识到，在过去，这类学会通过它们的刊物，发表了“优秀作品”，但也可以公平地说“同时也刊印了大量的垃圾”；而且哈弗菲尔德还在想，“个人主义的英国”是否是推动一个“集体学习和研究”计划的好地方。

对于各种各样的反对意见，哈弗菲尔德作了有力的辩解。他坚持认为，罗马历史纷繁复杂，需要专家队伍来对现存的资料进行适当的评价和鉴定。现在是应该限制热情的业余爱好者的影响的时候了：

> 我们这些英国人对学问抱有偏见，这一偏见有可能带来灾难性的后果……不仅仅是人们认为学问家是社会的讨厌鬼或者是怪人……而且英国人对学问还漠不关心，认为它毫无用处，相信即使没有训练和知识，任何一个英国人也能够去他喜爱的地方，取得他想要的成就。

然而哈弗菲尔德并非想把古代史束缚在象牙塔里，仅由专家来护卫，这些专家可能会嘲笑任何让其学科变得通俗易懂的努力。成立“促进罗马研究学会”的真正理由是因为罗马历史和当代社会和政治密切相关。对于哈弗菲尔德来说，尽可能全面而准确地理解罗马史并且交流这种理解的需要从来没有像在20世纪初那样迫切：

> 在我看来，罗马历史对于当今的借鉴意义是所有历史中最为突出的……它提供了发人深省的对比和比较……其帝国体制，包括它的不同之处和相似之处，处处都能指引我们自

己的帝国，例如在印度。

英帝国主义和罗马帝国主义的比较研究在多大程度上具有启发性，是可以争论的问题。英国和罗马的关系不容易说清楚。许多评论者急于指出，这两个帝国之间有天壤之别，比较毫无意义：大英帝国更为庞大，而且散布在全球各地；其通讯手段更为迅速和可靠（从 19 世纪 60 年代中期开始，英国和印度之间使用电报联系）；其武器装备和作战手段在技术上要先进得多；其工业、商业和制造业的能力也要强大得多。最急迫的是，任何比较还要面对这样一个令人不安的事实，即无论英国后来的帝国多么成功，它自己都曾是罗马帝国的一个行省。征服者自己曾经也被征服过。

首先对罗马入侵不列颠报之以爱国主义回应是把布狄卡变换成了包迪西亚，前者是公元 60 年起义失败的伊克尼人的领袖之一，后者则是拒绝屈服于外族专制统治的强有力的民族主义象征。一个被帝国战败的反叛者将被改造成另一个帝国的女英雄。这一对历史重塑的高潮是托马斯·桑尼克罗夫特于 1871 年完成的宏伟雕像，于 1902 年

图 20 托马斯·桑尼克罗夫特:“包迪西亚”青铜雕塑，伦敦的泰晤士河河堤

用青铜铸造，矗立在伦敦的泰晤士河堤岸上。包迪西亚以一种夸张的反抗姿势，站在一辆轮式镰刀战车[1]（没有得到考古学的证实）的接合部，率领她的人民抗击罗马侵略者。

对于这件作品，女王的丈夫艾伯特表现出了浓厚的兴趣。在桑尼克罗夫特还在雕塑这件作品的时候，艾伯特就

1 一种双轮马拉战车，攻击力更强。

参观过他的工作室，并把他自己马厩里的马匹借给他作模特。无论是赞助人还是艺术家都关心的是，应该尽量让这位包迪西亚看起来有皇家风范，能强烈暗示她就是年轻的维多利亚女王。威廉·考珀激动人心的《包迪西亚颂》一诗最初发表于 1782 年，即美国独立战争即将结束的时候，它被刻在雕塑的底座上，作为雕塑的最后一道装饰：

罗马将会灭亡——写下这句话
以她流出的鲜血；
无可救药地和令人憎恶地灭亡，
深深埋进废墟和罪恶。

然后从我们土地的森林里
滋生出来的后代，
武装着雷电，覆盖着翅膀，
将要统治一个广阔的世界。

你的后代将会支配，
恺撒闻所未闻的地区，

他的雄鹰从未飞过的地方，

没有人像他们那样战无不胜。

对于统治一个日益扩张的帝国的民族来说，这种赞扬本土抵抗侵略的鼓舞人心的故事并非没有歧义之处。1857年，英国在印度的统治被一系列通常称为“印度反英暴动”的起义所削弱。手无寸铁的平民惨遭杀害，这使人们突然对心安理得地认为大英帝国是一项合作事业的观点产生了怀疑。在勒克瑙南面的坎普尔，印度反叛者让男人、女人和孩子一排排地站在沟渠旁，然后残酷地将他们杀害。两年以后，即1859年，在桂冠诗人阿尔弗莱德·丁尼生勋爵笔下，包迪西亚的形象有所改变，这给人留下了深刻的印象。她被想象成嗜血的野蛮人，指挥她的军队进一步犯下暴行。在这里没有女英雄：这是不列颠反抗罗马统治的叛乱。

撞开大门，烧毁官殿，砸碎雕像，

抓住罗马人白发的头颅把它砸碎，抓着这可恶的，

把充满欲望而性感的罗马少年剁成碎片，

割掉母亲的乳房，把婴孩的脑浆击出，

上来吧，不列颠人，登上我的战车，登上我的战马，把他们践踏在脚下。

无论是作为统治者合法平定叛乱还是作为被征服者合理抵抗侵略的故事，包迪西亚的神话不可避免地涉及到暴力、侵略和野蛮的场面。和这些相反，还有一种关于不列颠并入罗马帝国的更为和平的说法。根据这种观点，是罗马帝国首先教化了不列颠。在1911年出版的《中小学英国史》中，拉迪亚德·吉卜林和C. R. L. 弗莱彻用毫不妥协的语言阐明了这一点：

罗马人在所有行省推行了一种法律体系，它是如此公正和强大，以至于现代欧洲几乎所有最好的法律都以它为基础制定。在所有地方，弱者都受到保护，以抵御强者。……为罗马神明建造了教堂以及富有罗马绅士的乡间别墅……这些绅士起初觉得他们是受到了流放，冻得发抖，并诅咒“令人憎恨的不列颠天气”，用暖气给房子供暖。他们渴望回到意大利。但是其中许多人留了下来……并对不列颠有了一种对自己亲爱的祖国才有的感情，后来这种感情逐渐成为一种激情。

在吉卜林和弗莱彻看来，征服无疑是件好事。他们对罗马人的唯一批评是他们没有把文明的统治扩大到苏格兰和爱尔兰的所有地区。

图 21 威廉·贝尔·斯科特的壁画《建造罗马长城》，沃林顿城堡，诺森布里亚

在许多方面，《中小学英国史》体现了普遍存在于维

多利亚时代关于罗马式不列颠的看法中的一个主题。1861年，威廉·贝尔·斯科特在诺森布里亚的沃林顿城堡完成了关于当地历史的系列壁画，一共8幅。其中第一幅表现的是公元2世纪初建造哈德良长城的情形。一名负责指挥的罗马百夫长正向当地劳动者发号施令，他身旁立着一面军旗。在他身后，一名军团士兵击退了满怀敌对情绪的当地人试图中止这一宏大帝国建筑工程的反抗。

这组壁画清楚地表明，这种改善当地情况的努力在后来仍在继续：最后一幅壁画《铁和煤：19世纪》展现了近代泰恩塞德的工业成就，这是个同样值得称颂的景象。在壁画上方的墙壁上，斯科特绘制了圆形物，描绘当地杰出人士：在这里，蒸汽机车的先驱乔治·斯蒂芬森和罗马皇帝哈德良站在一起，因为他们都热情地推广工程技术，致力于给英格兰北部（和更广大的帝国）带来繁荣和文明。

毫无疑问，这是极具吸引力的思考帝国统治的方式。在1901年出版的一项研究《古罗马帝国和在印度的大英帝国》中，牛津大学历史学家、律师及著名自由党政治家詹姆斯·布赖斯提出，两个帝国的成功非常相似：两者在“维持高水平的内部和平与秩序”方面都十分出色；两者令人惊叹的道路和铁路建设都表明，它们自己是“一个伟大的懂得工程技术的民族”；两者都在战争和统治方面取得了成功，体现了相似的“勇猛和活力以及勇于面对困难的精神，足以击败一切抵抗”。这种对于两个帝国更为肯定的比较的好处是，它似乎为英国在印度的统治找到了令人信服的历史依据，但也引发了更多令人不快的问题。1905 年，在英国皇家科学院所作的报告《罗马不列颠的罗马化》中，弗朗西斯·哈弗菲尔德争辩说，罗马帝国之所以成功，一个原因是它迅速和有效地“将行省居民同化为一个秩序井然而凝聚在一起的文明”：

这就是帝国的成就……尤其是，意大利明显具有凝聚力的文明吸引了未开化但却聪明的人，而罗马的宽容并不强制任何人服从，这样做使罗马的文化更具魅力，因为它不是完全不可避免的。

这些问题也是克罗默侯爵伊夫林·巴林于 1910 年 1 月在古典学学会发表的会长就职演说中的关键问题。古典学学会成立于 1903 年，声明是为了推进“古典学研究的发展”及“让公众接受这类研究在全国教育计划中应占重要位置”的观点。克罗默此前不久刚刚结束其在印度和埃及担任殖民官员的光荣生涯，在其题为《古代和现代帝国主义》的演说中，他明确援引了自己在政府中的经验：“因此，由于不能作为一名学者而向学者讲话，我想也许可以允许我作为一名政治家和行政官员向学会讲话。”对于克罗默来说，尽管这两个帝国在许多地方可以进行比较（在此他基本上遵从了詹姆斯·布赖斯的观点），但很清楚，“同化的问题”标示出了统治不列颠的罗马人和统治印度的英国人之间不可弥合的区别。“罗马人相对的成功很容易解释，他们的任务比起任何现代帝国来说都要容易得多。”

在克罗默看来，单单是印度的多样性，它许多的语言、宗教和种族，就使它和罗马人所面对的任何国家都不同。此外，人们明显感觉到征服者和被征服者之间存在种族和肤色上的差别，这成为同化的一个重要障碍：

隔离的屏障赖以建立的基础……如此坚实，如此强烈地吸引男男女女心底里的本能和情感，以至于在未来的几代人中，它可能仍会经受得住任何微不足道的、尽管是好意的、瓦解它的努力。

在这样的情况下，唯一需要做的就是确保“稳固地维持英国的霸权地位”：

谈论印度的自治……就好比主张统一的欧洲的自治，就好比我们假设在挪威人和希腊人之间、在顿河两岸的居民和塔霍河[1]两岸的居民之间存在相同的情感和利益。这种想法不仅荒谬，而且……不现实。

这样的观点并非没有受到质疑。几个月之后，在1910年5月，古典学学会的牛津分部邀请克罗默勋爵参加一个特别会议，就他在演讲中提出的问题进行辩论。哈弗菲尔德第一个讲话，提出克罗默对于种族和肤色的强调并不合适。真正的困难在于英国在印度的统治面对的是发达的社会，“其思想、感情、传统和文明早已凝固成了确定的形式”。在哈弗菲尔德看来（也许在此想到了他关

1 源出于西班牙东北部，下游流入葡萄牙境内的一条河流。

于罗马不列颠的著述），帝国力量同化其臣民的能力限定在“未开化或是松散的群体”。即使克罗默关于大英帝国在印度统治之未来的结论是正确的，其论述的基础至少值得争论。

另一位牛津古代史学家和考古学家 D. G. 贺加斯提出了更大的反对意见。他认为，如果历史有什么借鉴意义的话，那就是，罗马帝国“以一个不同化的时期开始”，然后产生了“同化的愿望”，然后再进入到了“积极同化”的第三个阶段。问题主要不是种族和肤色，而是应该把大英帝国看成是“仍然处在帝国主义的第一阶段”。只有在存在能够证明“或多或少完全的社会一致性”的确凿证据时，才会有“足够的基础比较这两个帝国”。令人遗憾的是，古典学学会发表的会议记录没有提供相关信息，让我们无从判断听众或者克罗默对于这些争论的反应，或是他们对贺加斯更具煽动性的结论的反应。贺加斯认为，显然在一段时间后，英国会发展出一套先进的殖民地统治体系，它足够成熟，能够和罗马帝国“显著的成功”相提并论。

## 古罗马精神

对于意大利法西斯头目贝尼托·墨索里尼来说，罗马帝国并没有任何令人不安的歧义。墨索里尼在1922年3月做了一次报告，后来于4月21日发表在他自己的报纸《意大利人民报》上。在这个报告中墨索里尼阐述了他对古罗马精神的向往：

> 古罗马是我们的出发点，也是我们的参照系；它是我们的象征，或者如果你们愿意承认，它还是我们的神话。我们梦想建立一个古罗马的意大利，它智慧而强壮，纪律严明而威震四方。不朽的古罗马精神的许多内容在法西斯主义中得到了再生。

7个月之后，意大利国王维托里奥·伊马纽埃三世邀请墨索里尼组建新政府。对于一个已经准备发动内战的激进派领袖而言，这种获取权力的方式并不特别戏剧化。在米兰获悉这一消息后，墨索里尼匆忙命令他的黑衫党民兵向罗马进军。他本人则搭乘一列夜班火车，随后赶到。在

10月30日上午，他精神抖擞地到达了罗马。

法西斯很快便创造了“向罗马进军”的解放神话。摄影师们做好了准备，以便拍摄黑衫党到达时的情景。《意大利人民报》和他人串通起来，编造一场英勇的斗争，一场武装起义，创造了3,000名在推翻腐朽政权的高尚事业中牺牲的“法西斯英雄”。历史看似重演了。这是第二个尤利乌斯·恺撒，他曾希望骑着高头大马，被支持者簇拥着进入罗马。墨索里尼积极鼓励制造这种相似性。在1932年3月23日到4月4日之间接受德国记者埃米尔·路德维希采访时，他承认：“我喜欢恺撒，他是历史上最伟大的人物。”次年在《意大利人民报》发表的文章中，他宣称：

> 这个时代，这个时代也可以被称之为恺撒式的，为特别杰出的人物所主宰，他们为了人民的利益掌握了国家权力……就如恺撒向罗马的元老寡头集团进军一样。

墨索里尼把恺撒在公元前44年3月15日的遇刺看成是“人类的灾难”。在他修订的罗马史（在意大利中小学里讲授）里，布鲁图斯和卡修斯被塑造成少数压迫人民的反动派的代理人，他们试图镇压人民自由的真正拥护者。只是到了罗马的第一个皇帝屋大维 / 奥古斯都获胜，恺撒的事业才得以重建。这就是墨索里尼想要复兴的帝国式罗马。1935 年 10 月向埃塞俄比亚宣战，被说成是重建罗马帝国的一个步骤。在墨索里尼看来，这不啻于“第四次布匿战争”，一个意大利企图控制地中海的声明。他坚持用罗马帝国式的语言说地中海就是“我们的大海”。1936 年 5 月初，埃塞俄比亚首都亚的斯亚贝巴被意大利军队占领。这被看成是宣告胜利的充分理由，但民众没有被告知，其实埃塞俄比亚的大部分都没有被征服，而且意大利军队使用了毒气，墨索里尼还授权以“系统的恐怖主义和灭绝政策”来终结任何进一步的抵抗。5 月 9 日上午 10 点 30 分，在罗马市中心的官邸威尼斯宫殿的阳台上，墨索里尼向欢呼雀跃的人群发表讲话：

意大利终于拥有了自己的帝国……为了埃塞俄比亚所有人民的文明与人性的帝国。这追随的是古罗马的传统，它在征服那些人之后，将他们和它自己的命运连在了一起……军团士兵们，满怀希望，高举你们的军旗，高举你们的宝剑，在15个世纪之后，热烈欢呼帝国重新出现在罗马命中注定的山丘上吧。

对于墨索里尼而言，古罗马精神复苏的中心是罗马城本身。在接受埃米尔·路德维希采访时，他夸张地宣称："在我看来，建筑是最伟大的艺术，因为它是所有其他事物的象征。"当路德维希提出这实际上是一种非常古罗马式的情感时，他说："我也一样，首先是个古罗马人。"墨索里尼迫切希望，应该在一种露天的博物馆里展示古罗马帝国的伟大。1931年，他指示一个委员会进行总体规划，并令其不要回避大规模拆除老旧建筑、重新安置老城区居民的建议。应该把积聚起来的"许多个世纪的颓废"一扫而尽，无论是中世纪房屋还是巴罗克教堂都不应该妨碍展现"一个更伟大的古罗马"。

罗马城今天的面貌在很大程度上是源出于墨索里尼的规划。令旅游者赏心悦目的古代建筑之所以如此突出地耸立在那里，恰恰是因为周围"污秽的景象"（用墨索里尼的话说）被彻底地摧毁了：

我的想法很清楚，我的指令非常明确……罗马要让世界上所有的民族称奇：幅员辽阔、组织良好、国力强盛，就像在奥古斯都统治下的第一帝国时期那样……我们历史中千年以前的建筑应该像巨人一样孤然耸立。

罗马城里的帝国大道——现在较为委婉的名字是帝国广场大道——从威尼斯宫殿笔直延伸出去，完全是法西斯分子建造的。它是在城市中世纪的建筑区里开辟出的一条道路，以便从墨索里尼的总部能够清楚地看到大竞技场。尤其是，它提供了举行阅兵式所必需的巨大空间。

罗马不仅在地面上得以重建，还举办了纪念奥古斯都诞辰 2,000 周年的盛大展览，以庆祝罗马帝国更伟大的荣耀。1937 年 9 月 23 日，“奥古斯都古罗马精神展”在罗马开幕，它包括了 3,000 件罗马帝国各地的纪念碑和建筑模型，其中最引人注目的是公元 4 世纪初的罗马城模型，以 1:250 的比例建成，面积达 80 平方米。从未有如此多的罗马帝国建筑集中在一起，展览试图向参观者重现一个复原的帝国的完整景象。它引人注目的废墟——至少以微缩的形式——现在又被复原了。

图 22 艾伯特·斯皮尔的日耳曼尼亚（即新柏林）的缩尺模型，南北中轴线，前方为人民大礼堂

在参观过“奥古斯都古罗马精神展”的 100 万名观众中，阿道夫·希特勒是最受触动的一个。1938 年 5 月

3日至9日，希特勒访问了罗马。他于夜晚到达，乘车穿过特意照耀得灯火通明的市中心。之后两天里，希特勒两次参观了展览（第二次是特意要求参观的），并巡视了许多新近发掘出来的古代城市建筑。墨索里尼在罗马大兴土木，这促使希特勒下定了重建柏林的决心。13年前，在其自传性宣言《我的奋斗》中，希特勒曾经抱怨说，德国的首都缺乏宏伟壮观感，它最重要的建筑只不过是“一些犹太人的百货商店和一些企业的总部”。希特勒要求取而代之的是能够“经受时间考验”的公共建筑，就像罗马大竞技场“经受住了过去所有的动荡”那样。柏林应该比罗马（“世界上我们唯一的对手”）更“激动人心”。

这种憧憬建设新柏林（希特勒重新命名为日耳曼尼亚城）的结果可以在纳粹首席建筑师艾伯特·斯皮尔设计的模型中看出来。从其规模、不朽性和对于创造巨大的仪式空间的关注等方面来看，斯皮尔的规划似乎是决心要胜过墨索里尼的罗马。同样引人注目的是，尽管其穹顶、凯旋门和柱廊经常仿照罗马的建筑形式，但就单个建筑而言，这个新柏林也力图胜过帝国时期的罗马——这个如此煞费苦心地在“奥古斯都古罗马精神展”的白色石膏模型中按照本来的荣耀重建起来的罗马。

这是最令人望而生畏和最具压迫性的说教式建筑。柏林对于希特勒就像罗马对于墨索里尼一样，城市规划不仅具体表达了他们对于罗马帝国的借鉴，更重要的是，它还是一个公开的宣言，宣告他们是古罗马精神的继承者和复兴者，《我的奋斗》这样清楚明白地劝诫读者：

> 尤其是在历史教育中，我们不应被吓倒而不研究古代史。如果从宏观轮廓上正确地理解罗马史，它会是最好的老师，不仅对于今天，而且可能对于所有时代都是如此。

## 银幕上的罗马帝国

罗马将军克拉苏（劳伦斯·奥利维尔饰）未能诱奸他的奴隶安东尼努斯（托尼·柯蒂斯饰），因而将视线转向军队，它正从罗马出发，前去镇压斯巴达克思（柯克·道格拉斯饰）领导的奴隶起义：

> 小子，那儿就是罗马，那儿就是罗马的力量、威严和恐怖。那儿是如同巨人般控制已知世界的力量。没有人能够抗

拒罗马，没有民族能够抗拒它。……安东尼努斯，只有一个方式对待罗马：你必须侍奉她，在她面前必须表现得谦卑；你必须匍匐在她的脚下，必须爱她。

好莱坞在 20 世纪 50 年代向观众展现的罗马帝国清楚地突出了它想要传达的所有重要信息。英帝国统治印度之功过的争论中表现出来的疑虑和争执，大体上没有妨碍好莱坞对罗马帝国的描绘。它试图坚决抵制（已被打败的）希特勒和墨索里尼提倡的法西斯主义对罗马的美化。相反，好莱坞描绘了一个专制国家，它沉湎于奢华，残忍而坚决地压制自由。

在好莱坞看来，罗马的统治者是精神错乱者。在《暴君焚城录》（1951 年上演）中，尼禄皇帝（彼得·尤斯蒂诺夫饰）是一个大独裁者的混合体。在某种程度上，尼禄就是希特勒，他极其残忍地想要消灭基督徒。尼禄的大屠杀将会把他们从历史的表面抹去：“当我消灭掉这些基督徒后……历史将不能肯定他们是否真正存在过。”在某种程度上，尼禄也是墨索里尼。他处于一个专制君主充当妄自尊大的城市规划者的悠久传统中，着迷于创造一个新罗马。尼禄皇帝向吃惊的廷臣展示的宏大城市模型是电影制片人向意大利政府借用的。这个模型最初是为了墨索里尼宏大的“奥古斯都古罗马精神展”而制作的。

如同《暴君焚城录》开头的匿名旁白吟诵的那样：

> 伴随这种权力而来的是腐败……没有人能够肯定自己一生会怎么样。个人任凭国家摆布。谋杀取代了正义……无法逃避鞭子和利剑。

图 23 尼禄（彼得·尤斯蒂诺夫饰）向廷臣展示他对新罗马城的规划，《暴君焚城录》（1951 年）剧照。

这些形象提供了好莱坞表现帝国时期的罗马的基本电影语言。《角斗士》（2000年上演）的导演里德利·斯科特证实说，电影中庆祝康茂德皇帝胜利的场景有意想要让人回想起勒尼·里芬施塔尔的《意志的胜利》（1935年上演）。把康茂德皇帝在罗马展示权力和希特勒亲临纽伦堡纳粹集会相比是明白无误的。两个场景的开始都是巨大建筑和欢呼人群的鸟瞰场面，两个场景都包括从中心人物角度拍摄的场面，摄像机的角度使康茂德和希特勒看起来比本人高大得多。电影还明确引用了希特勒行进中的一个时刻。他在前行时，一个小女孩向他献花。而康茂德走在元老院前的台阶上时，孩子们也向他献上了花束。在里德利·斯科特描绘的罗马城里，元老院面对着罗马大竞技场，中间隔着一个站满士兵的巨大广场。这种统治性建筑的宏大构想在很大程度上借鉴了希特勒的新柏林规划。公元2世纪的罗马街道狭窄，市政广场上满是建筑，从来不是电影中的样子。只有到了1932年，当墨索里尼修建了用于检阅、穿过市中心的帝国大道时，罗马才与此有些类似。

帝国的庞大计划有着致命的缺陷，这种强烈的感觉主

图 24 重建的罗马，从元老院看到的一幕，《角斗士》剧照（2000 年）

宰了好莱坞对罗马的描绘。也有可能提出其他的可能性，但这些可能性从未得到实现。在《罗马帝国沦亡录》(1964年上演)中，马可·奥勒利乌斯皇帝允诺维护一个多元文化的世界:“无论你们居住在何处，无论你们的肤色如何，在取得和平之后，你们所有人，所有人都会获得罗马公民权的最高权利……在这个家庭中各民族都平等。”无论听起来是多么激动人心，这种构想没有变成真正的政治纲领是肯定的。

对于好莱坞而言，罗马帝国是不可挽回的。在《角斗士》中，临死的马可·奥勒利乌斯皇帝再次试图避免不可逃避的命运。他拒绝将皇位传给自己的儿子康茂德(华金·菲尼克斯饰)，却指示马克西姆斯将军(拉塞尔·克罗饰)恢复共和国，挽救“一个只能低声说出的脆弱的梦想”。在罗马，勇于直言的元老格拉古直截了当地指出:“元老院即人民……从人民中选出，表达人民的心声。”(格拉古的宣称直接重复了美国共和主义的传统语言，我们应该理解它想要传达的想法，而不是简单地斥之为明显而严重的历史错误。)

然而《角斗士》并没有能应对政治挑战。马克西姆斯并非聪明的廷臣，亦非忠诚的革命者。他特别渴望回到自己在西班牙的农庄。康茂德了解到马可·奥勒利乌斯的计划后，杀死了自己的父亲，自己称帝。马克西姆斯差点被处死，但却无法挽救自己的家人，康茂德残忍地下令杀死了他们。马克西姆斯受伤而逃，为了给妻子和儿子报仇，当了角斗士。一个政治上被离间的孤独者寻求正义的复仇，对其正确性的认可是《角斗士》明确颂扬的家庭价值之崇高性的一部分。康茂德不适于统治，他和皇帝父亲之间存在障碍的关系解释了这一点。他抱怨说，在他小时候，父亲从未像样地抱过他。康茂德的姐姐卢奇拉采取一切行动保护自己的儿子，即使这意味着出卖他人。马克西姆斯的替代"家庭"，即角斗士同伴，之所以在竞技场上成功，恰恰是因为他们形成了忠诚的兄弟关系。在最后决斗的高潮中，康茂德和马克西姆斯双双死于罗马大竞技场，实现了主人公复仇的要求，并且在最后梦幻般的场景中，让他得以和妻儿在阴间团聚。

这些已是陈腐的主题了。在《罗马帝国沦亡录》中，主人公李维·梅特鲁斯（斯蒂芬·博伊德饰）在与康茂德的决斗中活了下来，人们拥戴他做皇帝。在人们"好啊，恺撒！”[1]的欢呼声中，他厌恶地走开了。未来不在皇宫受到玷污的公共空间中，而在于陪伴深爱的妻子，生活在他们自己私人的内省世界里。在《暴君焚城录》中，主人公马可·维奇纽斯（罗伯特·泰勒饰）推翻了尼禄，他眼看着下一个皇帝加尔巴的军团开进了首都。马可新近皈依了基督教，认识到教会和国家严格分离的重要性。他信奉的新宗教将不会是社会改革的催化剂。相反，这种宗教使他确信要从政治中引退。这里基督教的价值首先是家庭价值。在电影的开始，我们看到马可是个年轻的单身汉，刚从战场上归来，驾驶着战车莽撞地穿过罗马的街道。现在他带着妻儿，谨慎地驾着一辆沉稳的家用马车离开了罗马。

尽管鼓吹农庄里宁静生活的好处，远离都城里污秽不堪的反常状态，这类古装大片的一个持久的魅力仍然是，它从来没有完全避免它所试图批评的东西。这类电影称颂的是它自己创造的史诗故事：为了拍摄《宾虚传》（1959年上演），建造了一个完整的战车竞技场，使用了4万吨进口的沙子；拍摄《暴君焚城录》中尼禄的宴会时剩下的

1 罗马皇帝泛称为恺撒。

食物捐献给了救济机构，用于拯救饥饿儿童；在《角斗士》中，宏伟的罗马是以数码技术重建的，罗马大竞技场中的人群里，只有2,000名观众是临时演员扮演的，其余33,000人则是电脑合成的。这类电影特别突出的特征是其奢华宏大的宽银幕场面。这种重建的银幕上的罗马以它巨大的花费和引人注目的复杂技术深深吸引了观众，而不是让他们感到厌烦。

这种悖论也受到利用，也许并不令人吃惊。《暴君焚城录》鼓动观众谴责尼禄，但是电影制片公司也认识到，战后崇尚消费主义的美国可能会对罗马帝国的炫耀性消费感兴趣。《暴君焚城录》帮助推销了雨衣、房地产、火灾保险、墙纸、桌布、珠宝、拖鞋以及睡衣裤。万星威服饰品牌和纽约人纺织品公司联合推出了“暴君焚城录”式平脚短裤：“色彩鲜艳的八种火辣款式……欢快的设计完全来源于这部关于伟大罗马时代的非凡电影。”最终，过度专制的产物在商业大街的商店里能被普通大众买到。穿着“宽大式裁剪的人造纤维”的“暴君焚城录”式平脚短裤，每个美国丈夫现在都拥有“像尼禄那样穿戴”的不可剥夺的权利。

**图 25** 万星威服饰的人造纤维平脚短裤广告

关于罗马帝国的各种现代版本——尽管过多——当然可供我们娱乐。《暴君焚城录》、《罗马帝国沦亡录》或是《角斗士》这类电影至多向我们传递了纯粹宏大的凯旋式场面、富翁们的豪宅、角斗士竞技血腥的刺激、战争的恐怖、专制统治可怕的随心所欲以及罗马大都市般的恢弘壮观这样的信息。它们很少揭示罗马人关于自己帝国使命（如同第一章中所讨论的）的意识，或是揭示围绕行使以及表达帝国权力而存在的困难与模糊性的认识（如同第二章中所讨论的），抑或尝试理解行省精英阶层的微妙地位（如同第三章中所讨论的）。它们通常把征服和抵抗完全想象成武装对抗（很少考虑第四章中所探讨的更为微妙的其他方式），把基督教表现为业已完全形成，而且经常公开表现出新教的面貌和信仰（第五章中所描述的疑虑和争论被悄悄抹去了）。总体而言，电影里表现的罗马帝国令人吃惊地健康强壮。一群肌肉发达、经常酗酒的群众演员掩盖了一个为营养不良、高婴儿死亡率、传染病流行以及低平均寿命所困扰的社会。

在好莱坞电影对罗马帝国的刻画中，激烈的个人斗争是其核心。这包括赞美个人同惨绝人性的极权主义政权作斗争并取得胜利、成功赢得爱情（通常是异教男性得到基督教处女）以及寻求正义的复仇（通常是蒙冤而不屈的异性恋主人公击败疯狂堕落而且明显变态的统治者）。毫无疑问，这些引人入胜的组合是以罗马帝国为题材的电影长盛不衰的主要原因。对此应该予以赞赏，但同时应保持清醒。我们应该记住，为反叛喝彩、支持令人费解的宗教崇拜、颠覆帝国权力或者鼓励个人自由，把这些作为文明社会的检验标准，对于古罗马的观众不会有什么吸引力。

大体上，当代对于古代社会的重构——例如关于英国在印度推行帝国主义的争论或者 20 世纪 30 年代纪念碑似的城市幻想——顶多可以这样理解，它体现了当代社会所面临的复杂性以及它所关注的问题，并以重构古代的方式对这些问题进行了评述。在这种情况下，对于古罗马帝国的这类描述的“准确性”就是次要的了（无论它们宣称是多么真实）。《角斗士》在商业上的成功及时提醒我们，我们对于古代世界的想象仍然是很现代的事情。这些想象充分揭示了我们自己优先考虑的事情和我们的问题，点明了我们的抱负和担忧。就像维多利亚时代和法西斯主义描绘的罗马一样，21 世纪描绘的罗马更多地揭示了我们自身的状况，而非古代的状况。它把我们的梦想和担忧装扮在罗马人穿的长袍里。然而最终它只能提供一个不那么具有启发性、在某些方面来说不那么有趣的罗马帝国简史。

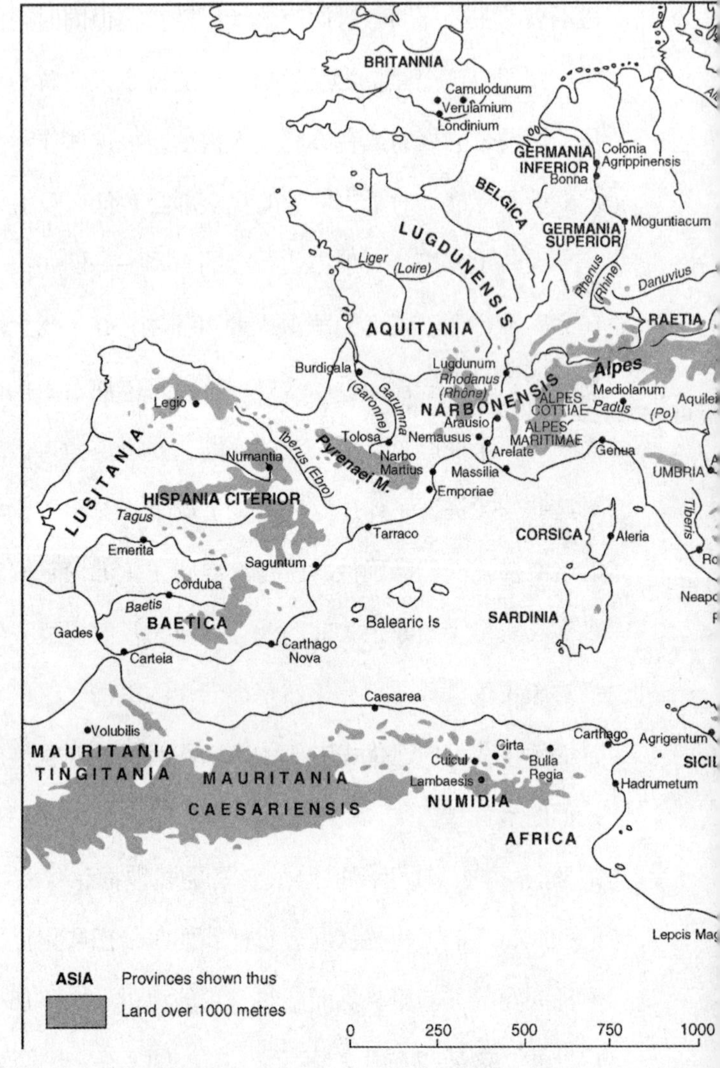


公元 2 世纪晚期的罗马世界

PANNONIA SUPERIOR
PANNONIA INFERIOR
DACIA
Sirmium
ILLYRICUM
MOESIA SUPERIOR
MOESIA INFERIOR
Danuvius (Danube)
THRACE
Hebrus
Borysthenes (Dneiper)
PONTUS EUXINUS
(Black Sea)
Amastris
Sinope
BITHYNIA
Halys
PONTUS
ARMENIA
Byzantium
Nicomedia
Nicaea
Ancyra
GALATIA
Melitene
CAPPADOCIA
Dyrrhachium
MACEDONIA
Thessalonica
Apollonia
EPIRUS
Cyzicus
Prusa
Corcyra
THESSALY
Pergamum
Actium
Mytilene
ASIA
Tyana
Taurus M
Samasota
ACHAEA
Chaeronea
Smyrna
Chios
Athens
Patrae
Corinth
Aphrodisias
LYCIA
CILICIA
Olympia
Argos
Ephesus
Cibyra
Oenoanda
PAMPHYLIA
Tarsus
Antiochia
PELOPONNESE
Sparta
Delos
Cos
SYRIA
Rhodes
CYPRUS
Salamis
Apamea
Palmyra
Cnossus
CRETE
SYRIA PALAESTINA
Caesarea
Jerusalem
Cyrene
Masada
Alexandria
Petra
CYRENE
ARABIA
FAYUM

# 大事年表

（公元前 31 年 — 公元 192 年）

公元前

| | |
|---|---|
| 31 年 | 亚克兴角战役，屋大维击败安东尼和克娄巴特拉 |
| 30 年 | 安东尼自杀 |
| 20 年代 | 维吉尔创作《埃涅阿斯纪》 |
| 27 年 | 屋大维采用“奥古斯都”这一称号 |

**公元前 27 年 — 公元 14 年 奥古斯都在位**

| | |
|---|---|
| 8 年 | 阿诺巴尔·鲁福斯出资兴建的大勒浦克斯城市集竣工 |

公元后

| | |
|---|---|
| 1/2 年 | 阿诺巴尔·鲁福斯出资兴建的大勒浦克斯 |

| | |
|---|---|
| | 城露天剧场竣工 |
| 14—37 年 | **提比略在位** |
| 37—41 年 | **卡里古拉在位** |
| 41—54 年 | **克劳狄在位** |
| 42 年 | 克劳狄入侵不列颠 |
| 54—68 年 | **尼禄在位** |
| 54 年 | 塞内加写作《南瓜化》 |
| 55 年 | 不列塔尼库斯之死 |
| 约 55 年 | 阿弗罗狄西亚的柱廊雕塑完成 |
| 55/56 年 | 塞内加写作《论仁慈》 |
| 59 年 | 阿格丽品娜之死 |
| 60 年 | 布狄卡在不列颠领导起义 |
| 64 年 | 罗马城大火灾 |
| 64—68 年 | 罗马黄金屋的建造 |
| 65 年 | 塞内卡自杀 |
| 68—69 年 | **加尔巴在位** |
| 69 年 | **奥托和维特利马斯在位** |
| 66—70 年 | 犹太起义 |
| 70 年 | 洗劫耶路撒冷 |

| | |
|---|---|
| 70年 | 狄奥·克里索斯托姆在普鲁萨面临粮食骚乱 |
| 71年 | 提图斯和维斯帕西亚努斯在镇压犹太起义后举行凯旋式 |
| 74年 | 马萨达的“斯卡利”战士自杀 |
| **69—79年** | **维斯帕西亚努斯在位** |
| 77—84年 | 克内乌斯·尤利乌斯·阿格里帕任不列颠总督 |
| **79—81年** | **提图斯在位** |
| 79年 | 维苏威火山毁灭庞培和赫库拉内乌姆城 |
| 80年 | 罗马大竞技场竣工 |
| 81/82年 | 罗马的提图斯凯旋门竣工 |
| 83年 | 卡尔伽库斯在不列颠北部被击败 |
| 81—96年 | 图密善在位 |
| 96—120年 | 普鲁塔克写作《对比传记》 |
| **96—98年** | **内尔瓦在位** |
| **98—117年** | **图拉真在位** |
| 100年 | 小普林尼发表《颂词》演说 |
| 101年 | 利古里斯·拜比阿尼的地籍簿 |
| 101—102年 | 第一次达契亚战争 |

| | |
|---|---|
| 104 年 | 卡约·维比乌斯·撒路塔里斯资助以弗所的游行 |
| 105 — 106 年 | 第二次达契亚战争 |
| 约 110 年 | 安条克的依纳爵在罗马殉教 |
| 110 — 112 年 | 小普林尼任比提尼亚 – 本都行省总督 |
| 113 年 | 罗马的图拉真记功柱竣工 |
| 116/117 年 | 卢奇乌斯·尤利乌斯·阿格里帕资助阿帕梅亚的浴池建筑群 |
| **117 — 138 年** | **哈德良在位** |
| 约 120 年 | 塔西佗完成《编年史》 |
| 124 年 | 哈德良首次巡幸雅典 |
| 125 年 | 卡约·尤利乌斯·德谟斯蒂尼资助俄伊诺安达市的节日 |
| 130 年 | 在耶路撒冷城址上建埃利亚·卡皮托利那殖民地 |
| 131 — 132 年 | 雅典的奥林匹亚神庙竣工；泛希腊联盟成立 |
| 131 — 135 年 | 巴尔·库克巴起义 |
| 137 年 | 雅典的泛希腊运动会和节日创立 |
| **138 — 161 年** | **安东尼努斯·庇护在位** |

| | |
|---|---|
| 143/144 年 | 埃留斯·阿里斯提德斯发表演说《致罗马》 |
| 144 年 | 马西昂被逐出罗马基督教会 |
| 156/157 年 | 波吕卡普在斯米尔那殉教 |
| 157 年 | 盖伦开始在帕加玛行医 |
| 161 年 | 安东尼努斯·庇护记功柱在罗马竣工 |
| **161 — 169 年** | **卢奇乌斯·韦鲁斯在位** |
| **161 — 180 年** | **马可·奥勒利乌斯在位** |
| 165 年 | 从波斯归来的军队带回天花 |
| 170 — 180 年 | 马可·奥勒利乌斯撰写《沉思录》 |
| 177 年 | 里昂殉教者 |
| 175/180 年 | 保萨尼阿斯完成《希腊志》 |
| **177 — 192 年** | **康茂德在位** |
| 192 年 | 卡修斯·狄奥目睹康茂德作为角斗士参加角斗 |